孩子、家庭和外部世界

[英]唐纳德 · 温尼科特 著
何言 译

THE CHILD

THE FAMILY AND THE OUTSIDE WORLD

中国妇女出版社

图书在版编目（CIP）数据

孩子、家庭和外部世界 / （英）唐纳德·温尼科特著；何言译. -- 北京 ：中国妇女出版社，2022.3
ISBN 978-7-5127-2077-0

Ⅰ. ①孩… Ⅱ. ①唐… ②何… Ⅲ. ①家庭教育 Ⅳ. ①G78

中国版本图书馆CIP数据核字（2021）第261628号

选题统筹：邵 军
责任编辑：张 于
产品经理：张志元
封面设计：仙 境
责任印制：李志国

出版发行：中国妇女出版社
地　　址：北京市东城区史家胡同甲24号　　邮政编码：100010
电　　话：（010）65133160（发行部）　　65133161（邮购）
邮　　箱：zgfncbs@womenbooks.cn
法律顾问：北京市道可特律师事务所
经　　销：各地新华书店
印　　刷：天津旭丰源印刷有限公司

开　　本：145mm×210mm　1/32
印　　张：9.5
字　　数：164千字
版　　次：2022年3月第1版　　2022年3月第1次印刷
书　　号：ISBN 978-7-5127-2077-0
定　　价：56.00元

如有印装错误，请与发行部联系

Preface
序

Trust your instincts

相信你的本能

我觉得我有必要写一篇序言，以说明本书的内容与妈妈和孩子、父母和孩子、进入学校及外部世界的孩子有关。从育儿时期的亲密关系，到长大后的独立关系，我的写作手法随着孩子的成长而变化。我希望这种写法上的变化，能和这些关系亲疏远近的变化相符。

在本书前面几章中，虽然我和妈妈们聊了一些知心话，但我的本意并不是教年轻的妈妈如何照顾孩子，因为她们已经非常清楚自己的状况。她们需要保护，也需要接收信息，还需要获得最好的身体护理。她们需要熟悉且可靠的医护人员，还需要丈夫的爱及充分的性体验。然而，她们一点儿也不需要别人告诉她，做妈妈是种什么体验。

在我看来，做妈妈最好的状态是无师自通，完全相信并依赖自己。这是我的主要观点。无师自通和后天的学习有很大的差异，我尝试辨识出这些差异，以免错过自然发生的好事情。

我认为，直截了当地告诉父母一些事情是再合适不过的，因为几乎每个人都想了解婴儿阶段到底是怎么回事。我的这种写法比用抽象概念讲述妈妈和宝宝更加生动有趣。每个人都想知道也必须知道生命的最初阶段到底是怎么回事，这是很自然的事情。如果孩子长大后也做了父母，却不知道也不感激在自己婴儿阶段妈妈付出了多少，那么这个社会一定有问题。

我这么说的目的并不是要求孩子感激父母孕育了他们，也不是让孩子感谢父母建立家庭、处理家务。我要说的是，生产前及生产后的最开始几周，甚至几个月里，妈妈和小宝宝之间的关系。值得一提的是，平凡称职的妈妈在丈夫的协助下，即便只是为她的小宝宝全身心付出，也已经是一种对个人和社会的伟大贡献了。

慈母的贡献往往正是因为太伟大了，反而被低估了。假如我们承认妈妈的这项贡献，而且在这个世界上，只要你认为自己还是个人，也珍视这个世界，那么每个健康、快乐的人都欠女性一份天大的恩情。因为在婴儿阶段，我们甚至在不知道什么叫依赖的时候，就已经绝对依赖我们的妈妈了。

我必须强调，我们之所以充分肯定妈妈的作用，既不是因为感激，也不是因为赞美，而是要以此来减少我们内心的恐惧。如果我们不能及时且充分地认可每个人生命之初依赖妈妈这个事实，那么我们内心的恐惧就会扩散，以致妨碍我们的健康。如果我们没有真正认知妈妈，就会对依赖产生一种模糊的恐惧。有时候，这种心理可能会演变成恐惧所有女人，抑或是恐惧一个特定的女人，也可能会演变成一种难以辨认的情感，包括恐惧被支配。

恐惧被支配并不能让人学会避开被支配的情形；相反，这种恐惧将他们领向某个特定或选择性的支配。的确，从对独裁者的心理研究中，我们发现他努力地想摆脱潜意识中那个让他恐惧的女人的支配，他想通过接管她、代理她来控制她，让她完全臣服于“爱”。

之前很多研究社会史的学者认为，恐惧女人正是造成人类群体种种看似不合逻辑行为的一个重要因素，但人们很少研究此课题。当我们真的仔细研究了每个人的过往后，我们才发现，对女人的这种恐惧是因为人们不敢承认依赖，即不敢承认生命之初对妈妈的最初依赖。所以，我们有非常充足的社会理由来研究婴儿和妈妈的最初关系。

但是现在，妈妈在婴儿生命之初生活中的重要作用往往被否定。有些学者还认为最初几个月里，小婴儿仅仅需要身体上的良好照顾，优秀的护士会和妈妈做得同样好。还有的人告诉妈妈，她们必须为孩子尽职尽责，这实际上是对妈妈最极端的否定，否定妈妈生来就能"善尽母职"的事实。

很多人大力鼓吹的整齐清洁、提供卫生指导、提倡身体健康……这些事往往一再介入妈妈和宝宝之间，给他们最初的关系带来干扰，但妈妈们不太可能对此提出一致的抗议。总要有人为刚生下孩子且自己还处在依赖状态的年轻妈妈说一些话，这正是我写本书的目的。我希望鼓励妈妈们相信自己天生的本能，同时也要向那些在父母和"代理父母"需要援助时能第一时间提供帮助的人表示敬意。

Contents

目录

第一部　妈妈和孩子

第二部　孩子与家庭

第三部　孩子与外部世界

Part 1
第一部

Mother and child

妈妈和孩子

一步一步地教小宝宝认识这个世界，是一项艰巨的任务。平凡的妈妈之所以能进行并最终完成这项任务，并不是因为她有多聪明，而是因为她深爱着宝宝，愿意为他付出一切。

男人眼中的母爱

我写本书的目的并不是要告诉你该如何做。襁褓中的婴儿也有自我，这个自我既有独立性，也有依赖性，在以后的日子里才会慢慢成长为真正的自我。作为一个男人，我不知道妈妈们看着躺在床上的小婴儿是什么心情，这也只有女人才能知道。即使没有生过孩子的女人，她也能够想象出这种心情。

既然我不能告诉你该怎么做，那我能做什么呢？一般情况下，我会请妈妈们带着宝宝来我这里。宝宝们会在妈妈的膝盖上晃来晃去，伸手来拿我桌上的东西，或是在地上到处爬。他也许会爬上椅子，也许会去拿书架上的书；更多时候，他会紧紧抱住妈妈，一脸好奇又害怕的表情，担心医生是会吃小孩的怪兽，甚至会对不听话的小孩做出更可怕的事情。如果是年龄大一点儿的孩子，他们往往会乖乖坐在那里画图，我和他的妈妈聊他的成长史，努力查找究竟哪里出了问题。这个时候，小孩会竖起耳朵听我们讲话，判断我们有没有恶意。另外，他会在我查看他的画的时候，通过图画语言来和我交流。

这一切说起来很容易，但如果是让我通过想象和经验来形容孩子们，就会变得非常困难。

相信所有妈妈也有过跟我一样的困难。如果我无法跟你解释有一个几周大的小宝宝是什么感受，也不知道你们之间可以沟通什么，不可以沟通什么，你会怎么想呢？如果你想要弄明白这些差异，那么请你回忆一下，你的孩子到底是在什么时候才注意到妈妈原来是另外一个人的。或是回忆一下，你非常兴奋地发现你和孩子是心有灵犀的两个人，那个时候发生了什么，让你有这样的感受。以前，凡事只要你说出来就能沟通，而不需要在屋里跑来跑去，亲自动手。现在，面对小婴儿，没有能沟通的语言，只能靠母子连心，心领意会。你非常想照顾好宝宝的身体，而且也喜欢这样做。你知道怎么抱宝宝，怎么放下他，怎么离开他，留他自己在婴儿床上睡觉；你也知道如何帮他穿衣服才能让他最舒服、最保暖。这些可能是从你小时候玩洋娃娃起就明白的事情。另外，在特殊时间，你会做一些特定的事情，比如给宝宝喂奶、洗澡、换尿布，温柔地抱着他。偶尔，宝宝会在你的围裙上撒尿，浸湿了干净衣服，但这是被允许的，你并不介意宝宝的尿。实际上，正是这些事情让你明白，你是一个女人，还是个平凡且慈爱的妈妈。

我讲这些是要说明：作为男人，虽然我不必体验妈妈的真实生活，不必承受宝宝的吵闹、臭味及育儿的责任，但我绝对能理解作为一个妈妈的你正在体味怎样的真实人生，就算拿全世界来换这种真实生活，你也绝不愿意。现在，你也许会让我跟你讲讲如何做一个平凡且慈爱的妈妈，如何照顾小宝宝。我不能具体告诉你哪一步该做什么，但我能跟你谈一谈这一切到底有什么意义。

照顾宝宝是你与生俱来的能力

实际上，你天生就会照顾小宝宝。这件事虽然很平凡，却极其重要，而且你不必很聪明就能做到，甚至你根本不用去想该怎么做。在学校上学时，你可能学不好数学，也可能一看历史书就头疼，甚至别人拿了奖学金，你却早早就辍学了；也许在考试前不出麻疹，你就不会考砸；又或者你很聪明——但这些都不重要，和你是不是个好妈妈，一点儿关系都没有。如果宝宝能自己开心地玩，你就能做到慈爱，那么我相信绝大多数的时候你都是个好妈妈。养育虽是如此重要的事，但并不需要你付出什么，甚至不需要你很聪明，这是不是让人觉得很奇怪？！

我们知道，小宝宝要长成健康、独立又开朗的大人，一定要有个好的开始。那么，怎么才能获得一个好的开始？这就需要妈妈和宝宝之间天生的亲情，也就是“爱”来建立。也就是说，只要你爱你的小宝宝，他就有了一个好的开始。

我要说明的是，这里所指的“爱”并不是感情用事。我们知道，有一种人总是把“爱”挂在嘴边：“我好爱小宝宝。”她们这样就是爱孩子吗？母爱是浑然天成的，里面包括一些占有欲等欲望，甚至还有一种“讨厌小孩”的感情，以及一些慷慨、权力和谦逊的成分；但母爱绝不包含多愁善感，这种感觉对妈妈来说是不愉快的。

你也许是个平凡而慈爱的妈妈，做妈妈是你想都不用想就喜欢的事情。就像艺术家讨厌思考艺术和艺术的目的，妈妈们也不想把事情想得太透彻，这正是我要在本书中提到的观点：照顾宝宝是慈爱的妈妈顺其自然而做的事情。但也许有些人就是要研究一下自己正在做的事。这之中可能有人已经度过了育儿阶段，或者小孩已经长大上学了，那请你们回想一下所经历的美好事情，想一下当时是怎样为孩子的成长打下基础的，如果你们只凭直觉去做，那应该就是最好的方法了。

照顾宝宝的人到底是一个什么角色？我想了解这一点很重

要，因为只有这样我们才能保护年轻的妈妈，让她们远离那些企图破坏她们和孩子最初关系的外来干扰。如果她不知道自己已经做得非常好了，那她就不能站在自己的立场上辩护，就容易轻信别人的话，也许照搬她自己妈妈的做法，也许照搬书上的说法，这些都会把妈妈的角色搞砸。

爸爸也发挥着重要作用。在有限的时段里，他们也能充当“好妈妈”的角色，且能保护妈妈和宝宝，让母子远离外界的干扰，以维持母子之间与生俱来的亲情，因为这才是育儿的要点和天性。

下面，我会专门讲讲平凡的妈妈关爱孩子时会做什么事。

关于照顾新生儿如何起步，我们要学的东西还很多，在学习过程中我们想知道的事，也许只有妈妈才能告诉我们。

认识你的小宝宝

女人从怀孕起，生活会发生很多变化。怀孕以前，她也许兴趣广泛，能够经商从政，甚至是个网球好手，也可能是经常参加舞会或大型聚会的社交名媛。怀孕之前，她可能瞧不起在家带孩子的朋友，认为她们被生活绑架了，甚至会跟她们说些难听的话，说她们看起来像植物一样没有生命。她也可能听不得洗晒尿布这种“妈妈经”。假使她对小孩感兴趣，那也大多是感性而不切实际的。然而，她有一天可能也会怀孕。

刚开始她也许会讨厌“会怀孕”这个事实，因为她觉得这对她“自己”的人生是可怕的干扰。的确，不这么想的人才是傻瓜。小婴儿本来就是一个大麻烦，除非这个孩子是你满心期待的，要不然一定会惹人厌。如果一个女人在还没有生小孩的打算时就怀孕，一定会觉得自己太不走运了。

然而，事实上，孕妇的身体和感受都会在不经意间发生变化。她的兴趣会慢慢缩减，而且是逐渐从外界转为内在。最终，她会相信自己的身体才是最重要的。

有些人也许正处在这个阶段，开始以自己为中心，认为自己是要被别人尊重和礼让的人。

当你就要当妈妈的时候，你就会想开很多事情。你开始冒险，你关心的对象会慢慢只剩下一个，那就是即将出生的小宝宝。这个小宝宝将会成为你珍视的宝贝，你也会变成他唯一的依赖。

当妈妈注定要吃很多苦，也正是因为吃的苦多，你才能完整掌握育儿的诀窍。在平凡的育儿生活中获得的感受，是我们这些不能做妈妈的人要通过多年的学习才能了解的。然而，你可能也需要育儿专家来给你支持，因为迷信和思想陈旧的（有时也可能是太超前的）妈妈会经常给你意见，让你对自己的感受和想法产生怀疑。

让我们来看看，心理健康的妈妈的育儿心得中，有哪些是特别重要，却又很容易被别人忽视的。我认为其中最重要的一点是，你把宝宝看作一个人来认识，而且在很早的时候就认识他了。这一点你很清楚，在他还在你子宫里时，宝宝就是个小人儿了，而且是一个很特别的人。等到出生时，他早已获得了感情体验，知道了什么是愉快，什么是不愉快。新生儿脸上的表情很少，但有时有的新生儿看上去就很聪明，甚至还有点儿哲学家的味道。假如我是你，我绝不会让心理学家来判定新生儿有几分像人，我会直接先认识自己肚子里的小人儿，也让他在肚子里就好好认识我。

当小人儿在你肚子里时，其实你早就对他的个性了如指掌了。如果他很好动，你猜会是个男孩。其实不管是男孩还是女孩，你都很开心，因为胎动昭示着生命和活力。我认为怀孕期间宝宝对妈妈也有不少认识。他和你分享三餐，不管是你喝了一杯好茶，还是一路跑去赶公交车，他的血液都会随着你的心跳加速而流动。一定程度上，他也知道你在什么时候感到焦虑、兴奋或愤怒。如果你经常焦虑不安，他会变得好动，他可能是想让你把他抱在膝盖上或是把他放在摇篮里轻晃。相反，如果你是沉着的人，他会通过你学会安静，他会期待在你的膝盖上安稳地睡觉，或是安静地待在婴儿车里。从某个角度来看，在宝宝出生之前，在你听见他的哭声，并看见他、将他抱在怀中之前，他认识你比你认识他更多一些。

宝宝出生之后，你们的处境就大不相同了。生产之后的你也许需要休息两三天，才能习惯身边的宝宝。当然，如果你的体力能很快恢复，你们也可以立刻开始认识彼此。我知道有的年轻妈妈，很早就和她的第一个小孩接触。从宝宝出生那天起，每次喂奶后，温柔体贴的护士都会把宝宝放进摇篮，推到妈妈的床边。宝宝在安静的房间里清醒地躺一会儿，妈妈把手伸向还不到一周大的他，他会抓住她的手指头，并朝她的方向看过来。如果这种亲密关系没有受到打扰，持续发展，我相信这样的关系会为这个孩子的性格、情感发展，以及他以后遇到挫折与惊吓时的承受能力，打下稳固的基础。

喂奶：你跟宝宝最初的接触

在你与宝宝最初的接触中，影响最大的就是喂奶，这也是宝宝感到最兴奋的时候。你可能也很兴奋，乳房也产生感觉，这说明你已经准备好哺乳了。如果宝宝一开始就能适应你和你的兴奋，他就能用最快的速度满足自己体内突然产生的冲动和强烈的欲望，并专注于这件事，这样一来他就很幸运了。我认为，当小婴儿发现兴奋来临的时候体内所产生的感觉，可是一件大事。你有没有尝试过从这个角度来看呢？

从这一点来看，你认识的小宝宝有这样两种状态：一种是当他感到满足又平静时，他会表现得不太兴奋；另一种是当他兴奋的时候。首先，当他感到满足又平静时，他大部分时间都在睡觉，但不是全部的时间，清醒又安静的时刻特别珍贵。我知道，有的宝宝即便喝完奶后也不满足，总是哭到疲惫不堪，又很苦恼，且不容易入睡，这样妈妈很难和宝宝产生良好的接触关系。当然，随着时间的推移，他最终会慢慢安定下来，也会有满足的时候。给小宝宝洗澡，也许是你们亲子关系开始的好机会。

你需要了解小宝宝的满足和兴奋的状态，这样你就能在他需要时及时帮忙。如果你不知道他到底处在哪种状态，你就给不了他帮助。他需要你来帮助他，从满足状态，过渡到吃奶时的贪婪攻击。小宝宝在这个可怕的过渡阶段时，需要妈妈帮点儿忙。除了照顾他以外，这是你作为妈妈的第一项重要任务。这项任务需要你具备多重本领，而这些本领只有孩子的妈妈才能拥有，或是某个在小宝宝出生不久后就照顾他的好女人。

我们要知道，小宝宝并不是一生下来就会说话或者定时哭闹告诉我们他要喝奶了。我认为对妈妈来说定时喂奶确实方便，而对宝宝来说，定时喂奶并不是最好的。最好的是他想喝奶时，张嘴就能喝到，想要时乳房就出现，不想要时乳房就消失，这才是他应该得到的宠爱。有时候妈妈必须先随时供应母乳，宝宝才会配合她定时喂奶，养成规律喝奶的习惯。至少你刚开始接触宝宝的时候，应该弄清楚他最初的期待是什么；或者就算你并不打算让他如意，也要知道他想要的是什么。当你了解小宝宝后，你就会知道他只有在兴奋时才会变得那么急切。其他安静的时刻，他会高兴地发现乳房（奶瓶）后面还有妈妈，妈妈后面还有房间，房间外面还有一个大千世界。虽然在喂奶的时候你就能好好认识小宝宝，但后面你慢慢会了解到，在给他洗澡或换尿布时，又或者他躺在婴儿床上时，你能对他有更多更深的了解。

如果你的身体还需要护士的护理，我想护士应该知道，你只有在喂奶时才抱得到小宝宝，其实对你并没有好处。你需要护士的帮助是因为你的体力还没有完全恢复，不能自己照料宝宝。如果你没见过熟睡中的小宝宝或是他清醒时的样子，当他被送到你怀里吃奶时，他一定会给你留下奇怪的印象。毕竟，当小宝宝急切地想吃奶时，他只是一个不满足的小婴儿。这个时候，他的内心就像住着张牙舞爪的狮子和老虎，而他也会被自己的感觉吓到。如果没有人来和你解释这些，你也许会感到害怕。

相反，如果你已经见过了小宝宝躺在你身边、在你怀里玩耍、在你胸前躺着的样子，你就能知道他的兴奋只是短暂的，而且你会把这种兴奋看作一种爱的表现。当他别过头去不想喝奶，就像一匹牵到水边却不喝水的马；或是当他在你怀中睡着，不能继续喂奶；或是他激动得不好好喝奶的时候，你会知道这些到底是怎么回事：小宝宝只是被自己的感觉吓到了。在这个时候，你要用最大的耐心来帮助他，让他玩耍，让他衔着乳头或是抓着乳头玩……做这些能让小宝宝开心的事，就会让他重拾信心，愿意再次吃奶。这些是别人做不到的事，即使这对你来说并不容易，因为你也不是随时能提供奶水——你的乳房有时满涨有时空瘪。你如果知道到底发生了什么事，就能顺利渡过难关，在喂奶时和宝宝建立良好的亲子关系。

小宝宝很聪明，对他而言，那种兴奋的滋味既可怕又难过，就好像人被关进狮子笼时的感受。所以，他需要先确定你有奶水可供，他才肯吃奶。如果他想吃时没吃到，他的感觉大概就像快要被野兽吃掉。给他一点儿时间，他会发现乳房背后的你，最后你们都会理解他对乳房几近贪婪的爱。

我认为，应该让年轻的妈妈和她的小宝宝尽早接触，因为必须让她知道小宝宝是正常的。刚经历过分娩之痛的妈妈可能已经精疲力竭了，不能在第一天就跟小宝宝做朋友，但我知道，妈妈在分娩后想马上见到小宝宝，这是很正常的事。妈妈渴望认识自己的宝宝，同时也担心自己不够好，生出一个奇怪的孩子。实际上，她的小宝宝很好。所以，妈妈想马上认识自己的小宝宝。人类大概很难相信自己足够好，好到能孕育出优秀的下一代。大概没有哪个妈妈刚开始就会相信自己的小孩是完美的。爸爸也一样，他也怀疑自己也许不能生出健康正常的孩子，在宝宝出生之前他的内心也很煎熬。所以，第一时间就见到宝宝平安健康，对新手爸妈来说是件急迫的事，因为好消息终于能让他们松一口气了。

在此之后，你想进一步了解小宝宝，则是因为你对宝宝的爱和骄傲。然后，你才会开始仔细研究他，从而给予他必要的帮助。这种帮助只能来自最了解他的人，这个人就是他的妈妈。

这一切都说明，照顾新生儿是全天无休的工作，而能做好这件事的人只有一个——宝宝的妈妈。

宝宝是个蓬勃发展的小生命

我写的只是妈妈和小宝宝的普遍情况。如果妈妈们想要更多细节上的帮助，最好找相关的机构，因为在这方面我并没有太多研究。实际上细节方面的建议要容易得多，但往往也会因此给妈妈们造成困扰，所以我宁愿写给那些擅长照顾宝宝的妈妈看。我想帮助她们了解宝宝，让她们知道育儿究竟是怎么回事。我相信，她知道得越多，就越能相信自己的判断，这样她就能做到最好。

让妈妈做她喜欢做的事，她就会发现在照顾宝宝时，自己的内心是充满母爱的，这很重要。就像作家奋笔疾书时，往往会讶异于自己的文思泉涌，同样，妈妈也会惊喜地发现，和自己的小宝宝在一起时，每一分每一秒都非常精彩。

试想一下，如果你不能担当起照顾宝宝的责任，又谈何学会做妈妈呢？如果你只做别人告诉你的事，那你就得按别人的话不断地去做、不断地改进，还得有个人来指导你该怎么改进。但如果你能相信自己的判断，那么你会越做越好。

这也正是爸爸能帮上忙的地方。爸爸能提供一个空间，让妈妈获得充分支持。在丈夫的适当保护下，妈妈能够把关注焦点放在家庭，放在专心照顾小宝宝上，而不必处理外面的事情。妈妈全身心花在小宝宝身上的时间并不会持续很久。但是刚开始的接触很重要，因为这个时间段里妈妈跟宝宝之间的亲情联结是最紧密的，我们必须竭尽所能确保她此时全心全意地投入在宝宝身上。

这段时间的亲子联结，不光是妈妈受益，宝宝也非常需要，他需要得到这样的悉心照顾。这些年的研究发现，母爱对新生儿的重要程度，怎样强调都不过分。一个成人的健康基础是在他的童年打下的，而童年的健康基础则是由妈妈在小生命的最初几周和几个月协助打下的。刚晋升为妈妈的你可能暂时对外界失去兴趣，这会让你有些不习惯，下面这些想法也许能帮上忙：你现在做的事，是在为祖国的“花朵”建立健康基础，这绝对是件有价值的事。一般人认为孩子越多越难照顾，但我认为，孩子越少，父母的心理压力才越大。全身心照顾一个小孩的压力是最大的，好在这样的日子并不会一直持续。

那么，现在你也没有别的办法了，你能怎么办呢？嗯，不如好好享受吧！现在的你不需要照顾这个世界，你只要全身心孕育下一代就好。这是个难得的机会，这段时间你可以好好享受自己的世界，爱上自己，爱上你的小宝贝。享受丈夫对你们母子体贴入微的呵护，享受发现自己不断的变化，享受以前从未有过的特权，做你觉得舒服的事。在你提供的奶水遭到宝宝的哭闹拒绝时，请享受生宝宝的气，享受各种各样你不能跟男人解释、只有女人才清楚的感觉；最主要的是，享受宝宝的变化。这时的宝宝逐渐表现出人的特征，开始把你当成另外一个人看待，你一定会充满惊喜。

为了你自己，请好好享受这一切。而且，你从照顾小宝宝的苦差事中获得的乐趣，在宝宝看来很重要。宝宝并不想被定时地喂奶，他宁愿让热衷喂奶的妈妈按照自己喜欢的方式喂他。小宝宝把柔软的衣服和温度适宜的洗澡水等看作理所当然，但他觉得妈妈为他洗澡、穿衣的过程充满了乐趣。如果你也享受这一切，那么对小宝宝来说，这些过程就充满了温馨的爱。妈妈需要在育儿的过程中自得其乐，才能不被宝宝的哭声和尿布埋没，不至于让整个育儿过程变得麻木、没有价值、缺乏感情。

如果这个过程让你感到忧虑，那忧虑肯定会干扰自然而然的享受，而这些忧虑大多是因为无知。解决的办法和生孩子时缓解紧张的方法类似，你也许早就知道这一点。写孕产书籍的作者往往会尽可能清楚地解释怀孕和分娩的过程，好让准妈妈们放心，以免过度紧张。他们让准妈妈们不要去担心未知的事，而是享受顺其自然的过程。其实，生产的痛苦并不都是来自分娩本身，有一部分疼痛是因为恐惧产生的紧张，主要是对未知的事感到害怕。如果你已经提前知道了这一切，又恰巧遇到好医生和好护士，那你就会更能忍受这些不可避免的痛苦。

同样的道理，生产后，你能否从照顾小宝宝的过程中得到乐趣，完全取决于你能否避免无知和恐惧所引起的过度紧张。

下面，我会给妈妈们一些信息，好让她们对小宝宝有更多的了解。这样她们才能知道，小宝宝需要的恰恰是妈妈放松自己、享受育儿过程。

我会讲讲宝宝的身体，以及他的健康发展、他的人格发展，还会跟你讲讲该怎样向小宝宝介绍这个世界才不会让他产生困惑。

相信宝宝天生的本能

首先我想说明的是，小宝宝的成长和发育过程，并不是完全地依赖你。每个小宝宝都是朝气蓬勃的小生命。在每个孩子体内都燃烧着生命的火苗，那是生命成长和发育的生生不息的强烈欲望，也是小宝宝天生就具有的本能，这是我们不知道也不需要知道的一种进展方式。这就好像当你想在窗台上的花坛里种水仙花，你不能揠苗助长，而是需要把球茎放进去，覆盖上肥沃的土壤，适量浇水，其他的顺其自然就好，因为球茎中蕴含了无限生命力，自然会开花。虽然照顾小宝宝比照顾球茎复杂得多，但我只是借这个例子来说明：球茎和小宝宝一样，都会不断茁壮生长，而生长的关键并不在于你。精子和卵子在妈妈的身体里结合。从妈妈身体受孕的那一刻开始，小宝宝就成为子宫里的房客。出生后，小宝宝又成为你怀抱的房客，但这都只是暂时的，不会一直持续下去，房客很快就会离开。实际上，宝宝在你身边的时间很短，因为他很快就会去上学。但在目前这个时候，这个房客的身体还很幼小，又十分脆弱，非常需要你出于爱而付出的特别照顾，但你的照顾并不会改变宝宝天生就能不停生长的趋势。

我不知道这样说是否能让你松一口气，但是我知道有些妈妈认为自己必须确保宝宝活力满满，结果母子之间的相处乐趣反而没有了。小宝宝睡着的时候，妈妈一直守在婴儿床边，希望他能醒过来，或者至少表现出一点儿生命的迹象。如果宝宝有些闷闷不乐，妈妈就会一直逗他，挠他的脸，想把他逗笑。尽管对小宝宝而言，笑并没有什么意义，因为那只是一种生理反应。这种妈妈经常把宝宝抱到自己膝上，上下摇晃，想逗他开心和发笑，或做点儿什么，反正只要能证明小宝宝的活力还在，她们就放心了。

有些父母即使在孩子还很小的时候，也不能让他们安安静静地躺着。这些孩子为此受到很大伤害，甚至也许会丢失想活下去的欲望。我认为如果你能知道宝宝的身体里真的有个奇妙的生命发展过程（而且非常难停止），你大概就能安心地享受育儿的乐趣了。也就是说，生命对呼吸的依赖远远超过生存的意志。在你们当中，也许有人懂得艺术创作，学过素描或绘画，也有的捏过陶土，或是会织毛衣、缝衣服。你做这些事情时，成品是经过你的思想和手制造而来的，但宝宝不一样，他会自己长大，不需要你来制造，妈妈只要提供适当的生长环境就足够了。

但有些妈妈把小孩看成自己的作品，好像孩子是手中的陶土，她们拼命塑造，并且以为自己必须为结果负责，这种想法其实大错特错。当你有了这份“责任感”，你就会被过重的负担压垮，因为那根本就不是你的责任。如果你能接受“宝宝是个蓬勃发展的小生命”这个观点，你就能一边回应他的需求，一边从容自在地站在旁边欣赏小宝宝的发育过程，并从中得到乐趣。

关于哺乳

从 20 世纪初，医生和生理学家就开始针对哺乳这个课题进行大量的研究，写过很多相关书籍和数不胜数的学术论文。这些文献一点一点地累积成我们现在所能获得的知识。这些努力的成果让我们现在能分辨清楚两件事情：一件跟生理或生化或实质的东西有关，这是任何人都不能靠直觉或未经深入研究就能知道的；另一件则跟心理有关，这是人们通过感觉和单纯的观察就能知道的事。

比如哺乳其实是宝宝和妈妈之间的一种关系，它是将母子的爱付诸行动的表现。但是，这种观点在以前还不能被接受(即使妈妈们早就知道这件事了)，直到学术界的前辈们做了很多生理研究来证明它。不管生活在哪里以及什么时代的妈妈，她们始终认为哺乳只是她和宝宝之间的私事，但当有些宝宝不幸死于腹泻或其他疾病时，妈妈们不知道害死孩子的是病菌，她们误以为是自己的奶水有问题。婴儿的疾病和死亡让妈妈对自己失去信心，转而向权威人士寻求帮助。但是，权威人士们处理生理疾病的各种方式，反而让问题更加复杂，让妈妈们更加搞不明白。幸好今天我们对健康和疾病的认识有了非常大的进步，以至于能回到讨论最重要的情感问题上来，即妈妈和宝宝之间的亲情联结。总而言之，如果你想让哺乳工作顺利，就要保障你和宝宝之间的亲情发展顺利。

现在，治疗身体疾病的医生们对软骨症已经有了足够的认识，他们能事先预防此病。医生们也充分了解感染的危险，不会再让新生儿在出生过程中因为淋病感染而失明；他们也知道患有肺结核的乳牛产生的牛奶有多危险，所以我们过去常见的致命结核性脑膜炎，现在已不会对婴幼儿造成威胁；医生们对坏血病（维生素 C 缺乏病）也有了深入的了解，已经能彻底消灭它。医学科技的发展使得人们身体方面的疾病和不适都大大减少了，也让我们这些关心情感的人，有机会着重研究每个妈妈都会面临的心理问题。

我们当然还不能准确地说清楚每个正在养育新生儿的妈妈所面临的心理问题，但至少我们应该努力尝试一下。如果我有哪里说得不对或遗漏了什么，妈妈们可以纠正我，或者进行补充。

假如妈妈身体健康，家庭和睦美满，宝宝又在适当的时候健康顺利地降生了，那我们能简单地说，在这样的情况下，母子之间的亲情关系更为重要，哺乳只是这个关系中的一件小事。妈妈和新生儿已经准备好了用强烈的爱将彼此紧密地联结在一起，但在进行这个重要的情感历险之前，他们需要先认识彼此。他们也许一开始就能达成共识，也可能要经过一番挣扎。但只要达成了共识，他们就开始了相互依赖、相互了解，哺乳工作自然能顺利进行。

也就是说，如果妈妈和小宝宝之间的亲情联结已经开始，而且发展顺利，那就根本不需要学习哺乳技巧，也没必要测量体重和做各项检查，因为母子俩比外人更明白怎么做才是对的。在这样的情况下，小宝宝会用合适的速度喝正确的奶量，也知道什么时候停下来。宝宝的消化和排泄也不需要通过外人来监控，因为母子之间情感关系能自然发展，整个生理运作过程水到渠成。我甚至能进一步说，在这样的情况下，妈妈从宝宝身上能获得最正确的育儿心得，就像宝宝也从她身上了解了什么是妈妈。

妈妈和宝宝之间因为身体和精神上的亲密联结，彼此都产生了非常美妙的愉悦感，但人们老是训诫年轻的妈妈，让她们千万不要沉迷在这种感觉当中，所以这种愉悦的感觉一下子就被人们的忠告击碎。这才是真正的麻烦。在哺乳这件事上，居然还能找到现代清教徒的影子——试想一下，按照这种清教徒式的说法，宝宝出生后就必须把他和妈妈分开，让他丧失能够找到妈妈的感觉能力（这种感觉能力有可能是通过嗅觉来进行的）！再想一下，按照这种清教徒式的聪明做法，在哺乳的时候把宝宝包得紧紧的，让他不能用手抓乳房或奶瓶，整个哺乳过程中，宝宝只能表示“要”（吸奶）或“不要”（把头转开或干脆睡着）！最后，试想一下，按照这种清教徒式的哺育方法，在小宝宝还没有开始感觉到这个世界上除了有自己和自己的欲望之外，还有其他外物存在以前，竟然必须在固定时间一到就立即被强制喂奶！

在正常状态下（当母子都健康的时候），喂奶的技巧、多少和时间都应该顺其自然。也就是说，在喂奶这件事上，妈妈可以给小宝宝一点儿自由做主的空间，让他顺其自然地吃奶。这并没有什么不好，而且对妈妈来说，不管是在育儿还是哺乳上，她都更容易做好。

有些人也许并不认同我这个观点，因为完全没有个人难处或完全不会担心，也因此不需要别人帮助的妈妈非常少；另外，有些妈妈根本不知道要照顾宝宝，甚至对宝宝太狠心。但我认为即使是“粗线条”的妈妈，对上面我提到的种种情况也应该牢记在心。这样的妈妈在养育第一个孩子的时候也许需要别人的帮助，但如果她想尽可能提早跟第二个或第三个孩子接触，她必须清楚自己的目标是在育儿实务上，她需要努力摆脱他人的劝告。

任何刻意都会干扰妈妈和宝宝的美好关系

我认为，自然的哺乳就是在宝宝想吃奶的时候喂他，他不想吃的时候就停下来，这就是基础。只有这样，小宝宝才能开始跟妈妈妥协。他的第一个妥协就是，接受规律而可靠的哺乳，他接受妈妈的三小时喂奶约定，因为这不仅给了妈妈很大的方便，小宝宝的欲望也能得到满足。如果他每隔三小时会感到饥饿，你就能这么做。如果这个间隔对他来说太长，小宝宝就会苦恼。恢复宝宝信心的最好办法就是，在他需要时立刻喂奶。这样进行一段时间以后，等他能忍受的时候，再恢复适合的规律时间。

你可能觉得我这个说法任性了一些。如果一个妈妈学过怎样训练小宝宝养成规律的习惯，一开始就每隔三小时喂一次奶，这个时候要她随时哺乳，她也许无法接受。前面我说过，她很容易就会对哺乳所产生的快感感到害怕，也会觉得从那一天起，小宝宝身上出现的任何问题她都要负责，她还会因此遭到公婆和邻居的责骂。最大的麻烦还在于，妈妈一上来就被养育小孩的重大责任给压垮了，所以她宁可选择遵守法则、规定和戒律。这样虽然有些刻板无趣，却能减少人生风险。医学界和护理界的发展产生了这些法则、规定和戒律，但我们必须赶紧撤除这一切对妈妈和婴儿的干扰。如果只是因为权威人士说母乳喂养是好的，妈妈们就把它当成一个合格妈妈的考核线来努力，那么连母乳喂养这个观念也会变成有害而无益的。

还有人认为“训练宝宝必须尽早开始”，这其实是行不通的，因为在小宝宝接受外面的世界，并跟这个世界妥协之前，训练是不可能完成的。而小宝宝接受外界现实的前提是，在襁褓初期，妈妈能满足小宝宝的欲望。

这并不是说我们不需要婴儿福利机构，让妈妈和小宝宝自己去解决那些基本问题，比如哺乳、给予维生素、接种疫苗，以及清洗尿布的方法等。我的意思是，医生和护士的工作应该是处理生理层面的问题，不要让任何事情干扰了正在发展中的母子关系，因为这是一段非常微妙的心理过程。

如果是对于照顾别人宝宝的保姆、育婴师，我也能替她们说出为难和失望之处。我已故的好友茉儿 · 密德摩尔医生（Dr. Merell Middlemore）在她的著作《育婴母子》（*The Nursing Couple*）中写道：

照顾宝宝时候的粗心大意往往是因为过度紧张，这一点儿都不奇怪。她一次又一次地看着妈妈给小宝宝喂奶，亲眼看到了母子间的成功及失败，到了最后，他们的兴趣竟变成了她的。看着妈妈手忙脚乱地喂奶，她有些看不下去了，最后甚至想自己来喂，因为她认为自己能做得更好。其实这是因为她自己的母性被激发出来了，想和妈妈比比谁更胜任，而不是想去加强妈妈的母性。

如果你作为妈妈，和小宝宝的第一次接触失败了，千万不要太难过。失败的原因有很多，以后你还有很多机会弥补做错或错过的事。但如果接下来，我在妈妈的所有任务中最重要的哺乳问题上支持那些成功或是即将成功的妈妈，就有可能会让某些妈妈不开心了。总的来说，我的想法是让你们知道，一个妈妈靠自己的力量处理她和宝宝的关系，是在竭尽所能为孩子、为自己、为社会来做这件事的，尽管这一说法也许会伤害到那些还处在困境中的妈妈。

也就是说，孩子和父母，和其他小孩，以及最后和这个社会建立起人际关系的唯一真正的基础，就是最初这份良好的母子关系。他们之间没有规律的哺乳规则，甚至也没有规定让宝宝必须含住乳房吃母乳。纷繁复杂的人间世事，都始于一个简明单纯的开端。

食物都吃到哪里去了？

当小宝宝感到饥饿的时候，他体内的某个东西正在苏醒，并摩拳擦掌地准备当家做主。当你发出声响表示可以哺乳后，宝宝就知道吃奶时间到了，他会让食欲变成美妙的冲动。这个时候你能看到口水从宝宝的嘴巴里流出来，这是因为宝宝还不会吞口水。他用流口水的方式告诉妈妈，他对于可以用嘴巴咬的东西很感兴趣。流口水说明宝宝很兴奋，特别是他的嘴巴。这个时候，他的双手也变得不安分，会一起来寻找满足。如果这个时候你给宝宝喂奶，又正好赶上他食欲最好的时候，他的嘴巴已经准备好了，嘴唇也特别敏感，能产生特别美妙的口腔快感——这是宝宝在往后的人生中永远不能再获得的体验。

妈妈会无微不至地极力配合小宝宝的需求。她喜欢这么做是因为她爱小宝宝，她会小心翼翼地调整喂奶的细节，即便这在别人看来根本不值得做，别人也不会明白这么做的用意。不管你是母乳喂养，还是用奶瓶喂奶，当奶水从乳房或奶瓶进入宝宝的嘴里时，他的嘴巴会变得特别活跃积极。

很多人认为，母乳喂养和用奶瓶喂养会对宝宝产生截然不同的影响。吃母乳的宝宝含着乳头的根部，用牙龈啃咬，对于母乳喂养宝宝来说，吸吮只是其中一个小步骤。对妈妈来说很痛，但就是妈妈承受的这个压力才能将奶水从乳头挤到宝宝口中，好让他能吞下去。

用奶瓶喝奶的宝宝则必须用到截然不同的技巧，也就是他必须学会吸吮。

有的用奶瓶喂养的宝宝，需要洞口较大的奶嘴，因为在他们学会吸奶之前，不用吸就能喝到奶水。有的宝宝则刚开始就会吸吮，这个时候奶嘴的洞口如果太大，奶水反而会溢出来。

如果你用的是奶瓶，就要做好心理准备，要随时观察，做适当的调整；不断地把奶嘴从宝宝嘴里抽出来，放一些空气进去，要不然奶瓶中会没有空气，宝宝会吸不到奶。你还需要先让奶水降到适当的温度，把奶瓶贴在手臂上感受一下，旁边同时准备好一罐热水，以便随时把奶瓶泡在里面保温，免得宝宝喝得太慢，奶水变凉。而母乳喂养根本不需要这些。哺乳的妈妈大可放轻松，当她感觉血液涌向乳房，奶水自然就有了。

胃是宝宝体内的“迷你好妈妈”

接下来，我们关心的是奶水的去向。宝宝对奶水了如指掌，但也只是到他吞下去的那一刻为止。奶水就这样被吞进嘴里，给嘴巴一种充实的感觉、笃定的滋味。这一点肯定是非常令人满意的。但如果奶水只是就这样吞下去了，这在宝宝看来，它几乎是消失了。就这一点来说，手掌和手指的感觉要比奶水好，因为它们不会消失，而且随时能用。但其实吃下去的食物并没有完全消失，至少在胃里的时候它还存在，在胃里的食物还有可能再次回到口腔。小宝宝好像知道自己胃的状态。

我们知道，胃是个小器官，它在肋骨下方，形状就像一只横放的小奶瓶。它是一团肌肉，构造非常复杂，所以它有非常的能力来做妈妈们为小宝宝做的事，也就是胃会看情况来自行调整，除非它受到了兴奋、恐惧或焦虑情绪的影响才会失能。这就好像妈妈们天生就是好妈妈，除非她们受到了紧张或焦虑的影响，会让她们手足无措。总而言之，胃就像个体内的“迷你好妈妈”。当宝宝感到舒服（即成人的放松状态）时，这个肌肉口袋——胃，就会自行运作。也就是说，正常情况下它会保持一些张力，同时维持应有的形状和位置。

当奶水进入胃里后，我们暂且让它留在那儿。接下来，我们来了解一下消化的一系列程序。胃里一直都有液体存在，也就是消化液，胃的上部还有一些空气。这些空气对妈妈和宝宝来说有着特别的用处。当宝宝吞下奶水的时候，胃里的液体量会因此增加。如果这时候妈妈和宝宝都很平静，宝宝的胃壁压力会自行调整，他放松一点儿，胃就变大一点儿。但是，宝宝往往都有点儿兴奋，所以宝宝的胃要花一些时间才能适应并自行调整。胃里暂时增加的压力会让宝宝感到有些不舒服，最奏效的办法是让宝宝打个嗝。事实上，喂完宝宝以后，甚至在喂奶过程中，你会发现打嗝真是个好主意。打嗝的时候，最好把宝宝抱直，这样可能会更容易让他自然打嗝，又不会吐奶。这就是妈妈们总喜欢把小宝宝抱在肩膀上轻拍他们背部的原因。轻轻地拍背部会刺激胃的肌肉，让小宝宝更容易打出嗝。

当然，一般情况下宝宝的胃都能很快适应，一下子就接受奶水，根本不需要打嗝。但如果妈妈处在紧张的状态（有时候会这样），宝宝也会跟着紧张，在这种情况下，胃就需要一点儿时间，才能适应喝进来的奶水。如果你了解胃的工作原理，就能轻轻松松地处理好打嗝问题，不会产生困惑。你需要知道的是，打嗝会因每次喂奶的情况不同，以及每个宝宝的体质而发生差异。如果你不了解这是怎么回事，一定会有很多疑问，手足无措。邻居好心地告诉你："喂奶后一定要让宝宝打嗝！"如果你不知道这里面的原因，你就无法争辩，只能把宝宝一直放在肩膀上，不停拍他的背，努力想把你以为必须打出来的嗝硬挤出来。最后这似乎变成了教条，好像宝宝不打嗝就不正常。这样下来，实际上是在强迫宝宝接受你的（或邻居的）想法，反而干预了宝宝的自然发展。事实上，自然才是唯一的好方法。

现在你知道了，这个“肌肉袋子”会把喝进来的奶水留存一段时间，直到消化的第一个阶段完成为止。奶水发生的第一个变化就是凝固，这是自然的消化过程的第一阶段。也许你不知道，制作奶酪的过程就是在模仿胃的工作。所以，如果宝宝吐出一些奶渣子，你也不必惊慌，消化过程本来就是这样的，而且小宝宝本来就非常容易吐奶。在消化阶段，最好是让宝宝安静休息。无论你是把宝宝放在婴儿床上躺一躺，还是轻轻抱一会儿，都可以，没有哪两个妈妈或哪两个宝宝是一样的。当宝宝觉得舒服了，即便他只是躺着，他也会完全进入他的内在世界。就在此刻，他的身体里也许有了一种美妙的感觉，那是因为血液都汇聚到身体内活跃的部位，肚子会感到温暖。在消化过程的初期阶段，如果你打扰了宝宝，让他分神或过度兴奋，他就可能会不高兴地哭泣，也可能会发生呕吐，或是在食物还没有消化之前就进入下一阶段。我想你应该知道，喂奶的时候最好不要让邻居到家里来玩，这对宝宝来说很重要。不仅是这样，喂奶的时间也应该一直延长到食物离开胃部的时候。这整个过程就像一个庄严的场合，一旦有飞机飞过，庄严的气氛就不存在了，庄严的喂奶期也一样。喂奶后的时间也不能怠慢，要直到食物消化完为止，这个过程才结束。

如果这一切都顺利，特别敏感的消化阶段结束了。宝宝肚子里发出的咕噜咕噜的蠕动声音表示胃部消化奶水的工作已经完成了，现在要做的是把局部消化过的食物送过幽门，进入宝宝的肠道里。

接下来肠道里发生的事你无须知道太多。奶水的持续消化是个极其复杂的过程，它先被吸收进血液里，再由血液输送到身体的各个部位。值得一提的是，奶水一离开胃部就加入了胆汁，而胆汁是肝脏在适当时机分泌出来的。因为胆汁，肠道里的东西才会显现黄绿色。假如你得过黄疸，就会知道当胆汁不能从肝脏进入肠道的时候有多恐怖——黄疸是因为输送胆汁的胆管发炎肿胀造成的。发生黄疸的时候，胆汁会进入血管而不是肠道，它会让人全身皮肤泛黄。当胆汁在适当时机走了正确的路，从肝脏进入肠道，会让宝宝感到很舒服。

你只要翻一翻生理学书籍，就能找到奶水消化的进一步细节。但是，这些细节对妈妈而言并不重要，妈妈只需要知道咕噜声表示宝宝的喂奶期完成了，食物已经进入他的身体。从宝宝的角度来看，他根本不明白这个过程，他只需要知道什么时候该喝奶就好了。不过，我们很清楚，肠道用各种方式吸收着食物的营养，最后通过血液循环送至全身，送到一直生长的各个组织中去。在小宝宝身上，这些组织长得非常快，所以需要定期不断地提供营养。

食物消化过程的终点

上一章节我讲了奶水被吞下、消化和吸收的一系列过程，妈妈并不需要知道这些在宝宝的胃肠道里发生的事，而宝宝本身也弄不明白这到底是怎么回事。接下来，奶水慢慢进入我们称为排泄的最后阶段，这时妈妈就不得不管了，因为她必须知道这个阶段到底是怎么回事，才能更好地照顾宝宝。

实际上，食物并没有完全被吸收进去；就算是再完美的食物，如母乳，也会留下残渣，再加上肠道也有正常使用和老化所产生的能量耗损。总而言之，有很多剩余的东西必须排出体外。组成大便的各种物质慢慢通过肠道，来到腹部下端尽头的开口，也就是肛门。

这一切是怎么做到的呢？因为这些物质经过了人体消化系统的一波波的收缩蠕动，又通过了长长的肠道。哦，你可能还不知道食物必须穿过的管子——肠道是十分狭长的。

有时候，一些妈妈会告诉我：“医生，食物就这样穿过他的身体。”这些妈妈认为，食物好像一进入宝宝的嘴巴里，马上就从另一头出来了。虽然表面上来看好像是这么回事，但实际上并不是这样。我们知道，宝宝的肠道非常敏感，只要一吃东西就会收缩蠕动。当这些食物残渣到达肠道的尽头时，就产生了大便。一般情况下肠道的最后一部分——直肠，大部分时候是空的。如果有很多东西要等着排泄，或是肠道感染发炎了，收缩就会变得频繁起来。渐渐地，只能是渐渐地，小宝宝才能学会控制排泄。那么，现在我来谈谈这一切究竟是怎么发生的。

首先，我们想象一下，大量消化后剩余的残渣等着排出来，直肠开始被填满。虽然肠道蠕动的真正刺激也许是来自上一次喂奶启动的消化过程，但直肠迟早会装得满满的。刚开始累积的时候，小宝宝根本感觉不到，但最后直肠胀满时会产生一种确定的感觉，这种畅快的感觉让小宝宝想把大便排出来。宝宝很小时，妈妈更换和清洗尿布的工作量很大，忙得团团转。只要小宝宝穿了衣服，你就必须勤快一些，经常更换尿布，要不然皮肤沾上大便后太久不清洗，小宝宝会感到疼痛。如果因为一些意外情况，大便下来得太快，甚至变成水样便的时候，更要勤换衣物。你丝毫没有办法给宝宝用任何速成训练来摆脱尿布。但如果你继续把工作做好，静观其变，奇妙的事情自然就会发生。

如果最后阶段宝宝把大便忍在直肠里，大便会变干；在等待排出的时候，大便里的水分被直肠吸收了，大便就变成了固体。这样的大便会让宝宝觉得享受。实际上，在排便的时候，宝宝因为太兴奋，还会因快感太过强烈而哭泣。所以，宝宝有能力处理好这些事情（不过到目前为止，宝宝还不能自己善后，你必须帮忙）！你需要给他机会，让他从经验中慢慢发现在排泄前暂时忍耐一下好像还不错，他甚至会发现结果还挺有意思的。实际上，如果顺利，排便会是非常让人满意的体验。培养宝宝对这些事情抱有积极健康的态度，才是你以后训练他做任何事情的最好方法。

以爱回应宝宝的呼唤

也许有人曾告诉过你，每次喂奶后，你就应该抱着宝宝去排便，并将此养成习惯，这样做是为了早点儿开始训练他。如果你真的这样做了，你就会发现这最多只能帮你省下清洗脏尿布的麻烦而已。这里涉及很多问题，而且宝宝还太小，根本接受不了这样的训练。如果你在这些事情上不顺其自然，就干预了一个自然过程的开端，也会错过很多美好的体验。比如只要你再等一等，迟早会发现，躺在婴儿床上的宝宝会想办法让你知道他排便了；甚至不久以后，他还会给你一些即将排便的暗示。那个时候，你和宝宝的关系会更近一步，他虽然还不会用成人的语言跟你沟通，但他已经找到了一种不用言语就能和你“说话”的方法。他让你懂得：“我快要排便了，你有兴趣吗？”而你回答：“有。”（即使不是真的这样说）你告诉他你对他会排便有兴趣，并不是因为你怕他弄脏衣服，也不是因为你认为他应该学会讲卫生，而是因为你爱他，这件事对宝宝来说很重要，你当然很看重。而且，你并不在乎宝宝是不是已经拉在了裤子里，因为重点不是要让宝宝保持干净，而是要积极地回应他。

这之后，你跟小宝宝在这些方面的关系会更加密切。有时候宝宝会害怕自己快要排便了，有时候他又觉得这是件值得的事，因为他知道妈妈喜欢。因为你所做的事情纯粹是出于母爱，对你而言，这是在接收宝宝的礼物，而不是在帮宝宝收拾善后。

说到这里，有一点非常值得一提。当宝宝排出令人满意的大便之后，你可能以为就到此为止了，把宝宝清洗干净，为他穿好衣服后，继续去忙别的事了。可宝宝却还是不舒服，可能又立刻把尿布弄脏了。这也许是直肠才刚刚排空，马上又被大便填满了。所以，如果你不是赶时间，可以耐心等一会儿，直到下一波的收缩蠕动发生，宝宝彻底排空大便为止。当然，这是不能着急的事情。所以，只要你不赶时间，就能让宝宝的直肠排空。这么做能让直肠保持敏感，等它下次再被填满时，也就是几小时后，宝宝就能用自然的方法重复整套过程。所以，总是急急忙忙没耐心的妈妈们会让宝宝的直肠留下一些便便。这些便便也许会排出来，又弄脏尿布；也可能会一直待在直肠里，让直肠逐渐变得麻木，这对排泄系统并没有好处。妈妈不慌不忙的处理态度，会给宝宝一种秩序感。如果你总是匆匆忙忙的，就不能让孩子体会全部的经验，孩子会在混乱的困惑中成长。没有困惑的孩子以后才能跟随妈妈，并逐渐放弃在有冲动时就想马上排便的快感。宝宝之所以这么做倒不是因为想配合你的期望——尽量不弄脏衣服，而是为了等待你，以便了解你照顾自己小孩时候的喜好。再过一段时间，宝宝就有能力控制排便这件事情了，当他想支配你的时候他就弄脏衣服，当他想讨好你的时候他就忍住，等待你方便的时候才开始。

我认为，大部分宝宝在排便这件重要的大事上，没有机会发现自我。我认识一位妈妈，她从来不让她的孩子自然排便，她认为直肠里的大便多多少少会毒害宝宝。实际上并不是这样，小宝宝即使几天不排便也没什么大碍。但这位妈妈老是用肥皂条和灌肠剂来干扰孩子的直肠，结果可想而知是一塌糊涂，她根本不可能培养出喜欢她的快乐小孩。

对于小便也是一样的。水分被吸收进血液里，多余的水分则和溶解在其中的废物一起，被宝宝的肾脏过滤出来，排到膀胱。在膀胱满胀之前，宝宝并没有什么感觉，膀胱充满后他就会有排尿的冲动。一开始，这是身体的自动反应，但宝宝慢慢能发现憋一下挺好的，因为憋一下再排尿是能产生快感的。身体成长中的秘密发现丰富了小宝宝的生命，让生命有了活下去的意义。

随着时间的推移，慢慢你会发现，小宝宝有很多表现都能为你所用，如果你仔细观察就能知道接下来会发生什么事了。你对这个过程的兴趣会让小宝宝的经验更加丰富。不久以后，宝宝为了获得你的爱，会学会等待，只要等待不是太久。

现在你知道了，就跟喂奶一样，在处理排泄这件事情上，宝宝是多么需要妈妈的配合。因为只有妈妈才会知道，耐心地配合宝宝的所有需要是值得的，而这样做的结果是她能让身体的兴奋经验成为母子亲情的一部分。

当这样的事真的发生，并且持续了一段时间以后，你会发现不费吹灰之力就能达成所谓的训练要求了。这是因为妈妈已经被宝宝足够信任，她能向小宝宝提点儿要求了，只要这些要求不超出小宝宝的能力范围。

这又是平凡的妈妈用平凡的关爱给宝宝打下健康基础的最好实例。

宝宝喜欢的喂奶方式

我告诉过你，宝宝也许从一开始就非常喜欢妈妈生气蓬勃的样子。妈妈育儿过程中表现出的喜悦之情，让小宝宝很快就发现，食物和照顾的背后是一个人。然而，能让宝宝感觉到这个人就是妈妈的原因，可能是妈妈设身处地为小宝宝着想的能力，正是这种能力让她了解小宝宝的感受。任何书本上的道理都不能替代妈妈的感同身受，这种能力让她知道小宝宝的任何需求，并积极去配合这些需求。

下面我会利用我实际观察到的不同的喂奶场景来分析两个宝宝的情况，并以此说明上面的观点。一个是在家里由妈妈喂母乳的宝宝，另一个是在育儿机构接受照顾的宝宝。这个育儿机构是个还不错的地方，但护士的工作很忙，没时间对宝宝们进行一对一的照料。

先说说育儿机构里的小宝宝。读到这里的护士朋友，如果你们做的就是喂小宝宝喝奶的工作，请原谅我用最糟糕而不是最好的例子来说明。

假设该喂奶了，小宝宝还不知道会发生什么事。他对奶瓶或人都还不太熟悉，然而他却满怀希望，期待着好事发生。护士来了，把小宝宝抱起来，让他靠在婴儿床上，再用枕头垫在奶瓶下，把奶瓶靠近小宝宝的嘴巴。护士把奶嘴塞入小宝宝的嘴里后，等了一会儿，就转身去照顾另一个哭闹的宝宝。

刚开始，喂奶的工作进行得非常顺利，因为饥饿的宝宝受到刺激，吸吮奶嘴就喝到了奶，到现在为止，宝宝的感觉还是很好的。但不久后，塞在嘴巴里的东西让他有点儿喘不过气来，对他的生存构成了极大的威胁。宝宝哭了起来或开始挣扎，然后奶瓶掉了下来。宝宝松了一口气，但只维持了一会儿的安静，因为他很快又想吃奶了，可奶瓶这次不在旁边，他再次哭泣。过了一会儿护士回来了，又把奶瓶塞入宝宝的嘴巴里。这个时候在我们看来还是一模一样的奶瓶，对宝宝来说却是个坏东西了，因为它变得危险且曾让他产生过不好的感受。就这样，事情不断恶性循环下去。

那么，我们再来看另一个极端，看看由妈妈照顾的小宝宝是什么情况。每当我看见心情放松的妈妈用温柔体贴的方式处理同样的事情的时候，我都非常佩服。这个妈妈会把宝宝弄得舒舒服服的，还营造了一个温馨的环境让哺乳顺利进行。实际上，环境也是母子关系的重要一部分。如果她用母乳哺喂，她会让小宝宝的双手随心所欲地触摸乳房，感受她的体温，更重要的是让宝宝知道自己和乳房之间的距离，因为小宝宝的认知范围还只是他的小世界，也就是他用嘴巴、双手和眼睛能接触得到的范围。宝宝的脸颊也能接触妈妈的乳房，但刚开始宝宝并不知道乳房是妈妈的一部分。在脸颊触碰乳房的经验中，宝宝并不知道这种舒服的感觉到底是来自乳房还是脸颊。实际上，小宝宝会探索自己的脸颊，会抓它们，好像脸颊就是乳房一样。妈妈往往都会容许宝宝得到他想要的亲密接触，原因有很多，其中一个是宝宝在这方面的感觉非常敏锐，这对宝宝的成长来说非常重要。

刚开始，宝宝会获得我所描述的这些十分安静的经验，他还需要被人宠爱地抱着，那是一种有温度的抱法，不急躁、不焦虑、不紧张，这些就是环境背景。至于妈妈的乳头和宝宝的嘴巴迟早会发生某种接触，究竟是什么也无所谓，因为妈妈就在情境里，她是情境的一部分，而且她还非常喜欢这份关系中的亲密感觉。至于宝宝的行为举止应该是什么样的，她丝毫不介意。

接下来，乳头跟宝宝嘴巴的接触，让宝宝产生了一个想法：“也许嘴巴外面有东西可以试试看。”于是，宝宝开始分泌口水。也许口水会多到让宝宝喜欢吞下去，有时候他甚至不需要奶水。妈妈渐渐让宝宝在想象中对她所能提供的食物产生胃口，宝宝也开始用嘴含住乳头，并尝试吸吮。

然后，宝宝会停顿一下，松开乳头，从原先的活动中退出来，乳房的印象淡出。

万事俱备的喂奶环境

你看得出来最后这一点有多么重要吗？先是宝宝有了一个念头，乳房立刻就来了，然后和它有了接触。后来，宝宝断了这个念头，他转过头去，乳头就消失了。这就是由妈妈照顾的宝宝和身处忙碌的育儿机构里的宝宝在经验上最大的差别。如果妈妈看到宝宝转过头去，她会怎么办？她不会把乳头硬塞到宝宝的嘴里，强迫他再次开始吸奶。妈妈了解宝宝的感受，因为她是活生生的人，有想象力。她会耐心等待几分钟，甚至更快，等到宝宝再次转向她的乳头，在适当的时候重新展开新的接触。这种情形会一再重复，因为宝宝不是从一个装着奶水的瓶子里喝奶，而是从一个人的身上吸奶，喂奶的妈妈暂时把自己借给了一个知道该怎么办的小宝宝。

“妈妈是如此体贴地配合”这个事实告诉宝宝，妈妈是个活生生的人，不需要多长时间，宝宝就懂得欣赏这一点了。

我想强调，在后面这个例子中，妈妈让宝宝扭过头去的这个做法非常重要：当宝宝不想要乳头，或不再相信它的时候，她能做到把乳头从宝宝的嘴里拿开，正是这一点让她成为妈妈。这个极其细腻体贴的动作，新手妈妈未必能做到，有时候宝宝也会借着拒绝食物、扭过头去或是睡着，来说明他有权获得人性化的对待。这个时候想要继续哺乳的妈妈会很失望。

有时候，妈妈会受不了胀奶的痛苦（除非有人教过她怎么挤奶，她才能等待宝宝自动转向她）。但是，只要妈妈知道宝宝别过头、离开乳房或奶瓶的动作是有价值、有意义的，她大概就能克服这些困难。她会把宝宝别过头去或想睡的表现，当作他需要特殊照顾的暗示，这些表现告诉她现在并不适合喂奶。

合适的喂奶环境要万事俱备：妈妈必须感到舒服，宝宝也必须感到舒服，另外还得有充裕的时间，宝宝的双臂无拘无束，宝宝的皮肤也应能随心所欲地感受妈妈的肌肤，甚至必须把宝宝赤裸的身体放在妈妈赤裸的身体上。如果这些条件当中有任何勉强，或是强迫喂奶，都起不到作用。只有给宝宝安排一个找得到乳房的背景环境，才有培养适当的喂奶经验的可能。这些反应在小宝宝后来的阶段也许还会再次出现。

新生儿妈妈的处境

趁着这个话题，我还想多谈一谈新生儿妈妈的处境问题。这类妈妈才刚刚度过焦虑艰难的分娩过程，需要医生和护士专业的协助。在这个重要时刻，她还在接受照顾，非常依赖别人，对于刚好就在身边的权威妇女的意见格外敏感（不管这个人是医院的护士长或助产士，还是她自己的妈妈或婆婆），她的处境可谓非常艰难。毕竟，为了这一刻的到来，她已经做足了九个月的准备。我在前面也说过，新手妈妈是知道怎样喂母乳的最佳人选，但如果其他权威人士的性格很强势，新手妈妈是不容易和她们抗衡的，即使能抗衡也至少得等她生过两三个小孩，有了点儿经验以后。好在妇产科护士或助产士和新手妈妈的关系往往是很融洽的，当然这也是最理想的情况。

如果这份关系很融洽，妈妈就有机会用自己的方式来进行和宝宝的第一次接触。宝宝的大部分时间都是躺在妈妈身旁睡觉，妈妈会不断低头查看床边的婴儿床，看看自己生出来的乖宝宝。她会慢慢习惯宝宝的哭声。如果哭声让她感到烦恼，护士会在她睡觉的时候把孩子抱走，等她睡好后再送回来。当她发现宝宝想吃奶，或是想和她进行亲密接触的时候，别人就会把宝宝抱到她怀里来。在这样的经验里，宝宝的脸颊、嘴和双手和她的乳房都有了特殊的接触。

很多年轻的妈妈经常不知所措，因为没人跟她解释任何事情。除了喂奶的时候，宝宝都被放在其他的房间，或许和其他宝宝在一起，但婴儿房里随时都有宝宝在哭，妈妈不能辨认出自己宝宝的哭声。喂奶的时候，宝宝被抱进来交到妈妈手中，全身紧裹在一条大浴巾里。这个时候的妈妈必须接受这个长相怪异的小东西，并用乳房喂它（我是故意用“它”），但妈妈既没有感觉到奶水充满乳房，宝宝也没有足够的时间去探索，去产生念头。如果宝宝不吸奶，甚至有些所谓的帮手还会焦急发怒，他们会把宝宝的头硬推向乳房。有过这种恐怖经验的宝宝应该还不少。

然而，即便是妈妈也要通过不断体验才能学会做妈妈。我觉得妈妈们如果知道自己会随着体验成长，应该会好过许多。但是，如果她们一开始就以为必须努力读书，才能学会做个完美的妈妈，她们就走错路了。正是那些彻底领悟、懂得相信自己的妈妈和爸爸，搭建了最好的家庭，让宝宝能够健康地成长发育。

母乳喂养

上一章从个人的角度探讨了母乳喂养。接下来我们从技术层面探讨同样的主题。先从妈妈的角度来看看要讨论什么，医生和护士就能知道妈妈们大概会遇到哪些情况，或产生哪些疑问。

小儿科医生曾在一场讨论会中，提出过以下观点："我们并不是真的了解母乳喂养的独特价值，也不知道应该遵循什么样的原则来选择断奶时机。"生理学和心理学显然都有责任来回答这些问题。我们需要把身体发展的复杂研究课题留给小儿科医生，同时尝试从心理学的角度，来提供一点儿意见。

母乳喂养的心理学过程非常错综复杂，目前已知的部分大概也够写下一些清楚而有帮助的建议了。但是，专家写出来的东西，虽然都是真的，一般人却不一定能完全接受，所以我们必须先解决这个矛盾问题。

小婴儿到底有什么样的感受，连年龄相仿的其他孩子都不可能知道，更不用说成人了。成人的内心虽然都保存着襁褓时期的感受，却很难再次捕捉。然而，小宝宝的感受强度其实和精神病的痛苦强度差不多。小婴儿在某个时刻被某种感觉全然包围的情境，有的时候会在病人被恐惧或悲伤包围时重新浮现。我们观察小婴儿后就会发现，要把我们的所见所闻完全表达出来是有困难的；既然这样，我们就需要运用想象，而且尽量不要做错误的想象，因为我们对这些情境的种种想法和后来的发展有非常大的关系。亲自带孩子的妈妈最能体会宝宝的感受，因为她们练就了母子连心的特殊能力，即便这种能力几个月后就会丧失。但是，在丧失之前，她们能够不靠言语就知道小宝宝的感受。

医生和护士对医疗护理方面虽然很擅长，却并不比其他人更能了解小婴儿的感受。可以说，没有任何一种其他人际关系会比兴奋的哺乳期的亲子（或乳房和小宝宝）关系更强烈的了，尽管可能人们不会轻易地相信这一点。但是，在思考像母乳喂养与奶瓶喂养的相对价值时，我们至少应该考虑这一点。一般来说，当面对动力心理学里最真实的一切的时候，人们总是不能立即且全然地感受这种真实性，其中以襁褓初期的心理学最为突出。在其他科学领域中，如果发现某件事情是真的，人们往往很容易就接受了，但一碰到心理学，总是让人感到紧张，有时不太真实的事反倒比事实本身更容易让人接受。

在这个前提下，我想做个大胆的声明，那就是在母乳喂养这个秘密仪式当中，小宝宝和妈妈的关系极其密切。这项关系的内涵非常复杂，因为它必须包括期待的兴奋、哺乳的经验、满足的感觉，以及满足本能的兴奋后产生的安静结果。我们在长大后感受到的种种感觉，都能和婴儿期母乳喂养的强烈感觉产生联系。个人在经验前者的时候会想起后者，仿佛熟悉的感觉又回来了，所以我们会发现，性经验的模式具有来自早年婴儿本能生活的特征和特性。

但是，本能的时刻并不是婴儿生活的全部。除了能产生兴奋和高潮的哺乳秘密仪式及排泄经验以外，还包括其他时刻婴儿和妈妈的关系。正因为如此，在襁褓初期的情感发展过程中，小宝宝有个重要任务，那就是把两种母子关系结合在一起：一种是本能兴奋的关系，而在另一种关系里，妈妈是安全、温暖等基本生理需求的环境和提供者，是保护孩子免于意外伤害的守护者。

满意的哺乳是宝宝以后独立的基础

没有其他任何事情能像兴奋期一样（既拥有生理需求的满足，又有满意的美好经验），非常清楚而满意地让小婴儿感受到：妈妈是个独立存在的完整个体。当小婴儿逐渐了解到妈妈是个完整的个体的时候，他也许就能回报妈妈提供的所有。小婴儿会变成完整的个体，有能力珍惜被关爱的时刻，即他受到照顾但未有能力回报的时刻。这也是罪恶感的起源，更是当亲爱的妈妈不在身边的时候，小婴儿会感受到悲伤的开始。假如妈妈和小婴儿的关系，既能提供满意的哺乳，又和小婴儿融为一体，并能维持足够长的时间，直到她和小婴儿都认为彼此是完整的个体为止，那么小婴儿的情感发展就已经健康地运行了很长一段时间，这将成为他以后独立生存的基础。

很多妈妈可能在最初的几天就觉得已经和小婴儿建立起了亲情，也期待小宝宝能在几周大的时候就以微笑回应她。这些都是来自妈妈用心照料的体验，以及宝宝本能需求的满足体验获得的成就。在最初的阶段里，哺乳造成的不经意的威胁、和其他本能经验建立关系的困难，或是小婴儿不能理解的环境变量，都有可能轻易毁掉这些成就。在幼儿的发展过程中，这个在早期就建立起来并一直维持下去的完整人际关系是最重要的。

因为某种原因不能提供母乳喂养的妈妈，同样能在喂奶的兴奋时刻用奶瓶满足宝宝的本能，并以此来早早建立大部分的母子关系。但我认为在喂奶这件事情上，用乳房喂奶的妈妈也许能得到更丰富的经验，而这一点似乎有助于早早建立母子关系。但是，如果本能的满足是唯一的评判标准，那么母乳喂养可能并不会优于奶瓶喂养，这个时候妈妈的整体态度才是真正的关键因素。

除此之外，在研究母乳喂养的独特价值时，还有一件极重要的事让问题变得更加错综复杂，那就是小婴儿是有想法的。在人类心灵里，每一项功能都有其作用，即便是在生命最初的阶段，小婴儿对喂奶的兴奋与经验所拥有的幻想也有其功能。这种幻想的内涵，其实就是对乳房毫不留情的攻击。当小婴儿有能力感知所攻击的是妈妈的乳房时，就会知道这种攻击的最终受害者是妈妈。在原始的爱的冲动当中，有个特别强烈的攻击成分，就是吃奶的冲动。从后面的幻想角度来看，妈妈受到了毫不留情的攻击；虽然能观察到的攻击行为好像只有一点点，但这是我们不能忽略的，小婴儿的目的里蕴含着摧毁的成分。满意的喂奶完成了这场生理上的狂喜，同时小婴儿也愉快、圆满地度过了这段幻想经历。即便是这样，等到小婴儿长大懂事以后，当他发现受到攻击并被喝光的乳房是妈妈身体的一部分时，他会因自己曾经的攻击念头而产生某种程度的担心和忧虑。

在妈妈乳房上喝了一千次母乳的小婴儿和用奶瓶喝了同样多奶水的小婴儿，他们的处境大不相同。和前者（母乳喂养）相比，后者（奶瓶喂养）更像是一个奇迹。当然，这并不是说用奶瓶喂养的妈妈不能达到这个效果。她可以通过跟小宝宝玩耍，并让小宝宝玩耍似的咬她来做到。当一切都顺利进行的时候，小宝宝的感觉甚至能和母乳喂养的小婴儿一样，但其中还是有细微差别。在精神分析的实际操作过程中，如果分析师能搜集到成人各种各样性经验的所有早期根源，他就能得到非常充足的证据，来说明含着乳房吃母乳的满意经验，即吸吮妈妈身体一部分这个确定事实，提供了跟本能有关的各种体验的早期根源。

有的时候小宝宝无法顺利吸吮乳房，除了极个别情况以外，都不是因为宝宝天生的能力出现了问题，而是因为有事情干扰了妈妈的心情，让她不能配合宝宝的需求。如果这个时候有人坚持让妈妈进行母乳喂养，反倒是个错误的建议，甚至可能会造成严重后果。这个时候改用奶瓶才是正确的行为，这能让妈妈和宝宝都大大地松一口气。实际上很多时候，有吸奶困难的孩子从母乳喂养换成与个人比较无关的方法（即奶瓶）后，喝奶就没有问题了。这和有时候建议某些宝宝躺在婴儿床上是一个道理，因为如果妈妈陷入焦虑或忧郁，反而会破坏宝宝被拥抱的体验所带来的丰富性，扭曲了拥抱的过程。如果你看到焦虑或忧郁的妈妈所养育的小婴儿，在断奶后松了一口气，大概就能获得启发：就喂奶来说，妈妈履行她育儿功能的正向能力是多么重要！成功对妈妈来说很重要，有时候甚至比对小婴儿来说还重要。当然，这对小婴儿来说也非常重要。

关于这一点我要补充的是，成功的母乳喂养并不意味着所有问题都能迎刃而解。成功只代表一段极其强烈且丰富的人际关系已经展开，后面小婴儿也许会产生某些征兆，而这些征兆说明：在生命以及在人际关系中，所有内在的重要困难，现在都要开始面对了。当妈妈不得不用奶瓶来取代母乳喂养的时候，通常各方面都会松一口气。从简单的育儿角度来看，医生可能会觉得，既然能让大家都松一口气，这显然是正确的操作。但是，那只是从健康或生病的角度来看人生。对于那些关心小婴儿的人来说，他们必须从人格的贫瘠或丰富的角度来看问题，而这又是另一回事了。

母乳喂养的小婴儿很快就会表现出他的能力，他开始能用某些客体来象征乳房，即用它来象征妈妈。小婴儿对他和妈妈的关系（包括兴奋和安静的时候），会通过他和手掌、拇指、手指头或一小块布、一个柔软玩具的关系来表示。小婴儿的感情目标（妈妈）被这些客体取代的过程是一步步发展的。关于乳房的想法只有通过真正的经验融入小婴儿的心中，客体才能代表乳房。最开始，奶瓶也许能被看成乳房的替代品。但是，要知道只有当小婴儿有过母乳喂养的经验，而奶瓶又在适当时机被当成一个玩具来引入的时候，这个说法才说得通。如果在最初几周内就用奶瓶来取代妈妈乳房，情况就又不一样了。这个时候，奶瓶多多少少代表的是婴儿跟妈妈之间的障碍，而不是联结。总体来说，奶瓶并不是好的乳房替代品。

母乳喂养和奶瓶喂养的差别是怎样影响断奶的，是一个非常有意思的课题。基本上，这两种断奶过程必须完全一样。小婴儿在一个特定时期里喜欢玩丢掷东西的游戏时，妈妈就知道小婴儿已经发展到了一定程度，断奶对他来说是有意义的。这个时候，不管是母乳喂养，还是奶瓶喂养，断奶的时机都到了。从某种程度而言，没有哪个宝宝能提前做好断奶的充足准备，但也有一些宝宝是自己断奶。断奶多多少少是带着点儿怒气的，正因为如此，乳房和奶瓶才会不一样。在母乳喂养的情况下，有个阶段是宝宝和妈妈必须相互妥协才能顺利度过的。在这段时期，宝宝会对乳房感觉到愤怒。他的攻击念头更多是因为愤怒，而不是欲望。对于那些成功度过这个阶段的婴儿和妈妈来说，这个经验显然比用奶瓶取代乳房这种更为机械化的喂奶方法要丰富许多。断奶经验里有个非常重要的事实：妈妈是从断奶的一切感觉中幸存下来的。她能够幸存，有一部分原因是小婴儿保护了她，另一部分原因则是她能保护自己。

领养的宝宝要喂母乳吗?

如果是即将送给别人领养的小孩，我们必须考虑一个非常实际且重要的问题：对马上要被领养的小婴儿来说，到底是有过一段母乳喂养好，还是完全没有好？我认为，这没有明确的答案。用现有的知识来说，当未婚妈妈知道领养的手续已经在进行的时候，她也不知道到底是要母乳喂养一段时间好，还是直接用奶瓶喂奶好。很多人认为，如果妈妈有机会提供母乳喂养，应该亲自喂一段时间，这样当她把小孩送给别人的时候，至少心里会好过一点儿。但是，如果经过了这个阶段之后再和小孩分离，她也许会十分痛苦。这是一个非常错综复杂的问题。让妈妈经历这种痛苦，会比让她事后才发现原来自己被剥夺了这段美好且珍贵的经验，要来得好一些，毕竟这种经验的感受是非常真实的。但是，每种情况都要按照其本身角度来处理问题，要充分顾及妈妈的感受，也需要顾及小宝宝的权益。成功的母乳喂养和断奶会为领养提供稳定的基础，这一点应该是肯定的。只是有了一个好的开始的孩子却要送给别人领养，这也并不常见。更常见的是，这个孩子的生命从一开始就陷入了混乱，领养人会慢慢发现自己照顾的小宝宝，因为襁褓阶段的错综复杂，变得越来越躁动不安了。所以可以肯定的是，这些事非常重要，而且领养的时候绝不能忽略喂奶的历史及出生后头几天和几周的历史。如果一开始一切都很顺利，领养过程就会轻松许多；如果刚开始就已经陷入一团混乱，几周或几个月后再处理就非常难了。

假如不幸被领养的孩子最后需要进行长期心理治疗，他最好在襁褓阶段就和乳房有过一些接触，因为这能为他打下坚实的人际关系基础，以便治疗的时候能重新找回这些关系。然而，实际上，大部分孩子并不会来做心理治疗，长期的心理治疗更是少之又少。所以，在安排领养的时候，还是用可靠的奶瓶喂奶更好，因为它不会让孩子与妈妈本人亲密接触。在小婴儿看来，虽然参与喂奶的有好几个人，但他们至少在育儿过程中的行为是一致的。从一开始就用奶瓶喝奶的宝宝，经验虽然贫瘠一些，但或许正是因为经验贫瘠，一群照顾者轮流给他喂奶，小婴儿才不会因此陷入混乱，毕竟使用奶瓶和喂奶的状态是一直没变的。对小婴儿来说，最好一开始就有些可靠的东西，否则他不会有良好的心理健康基础。

研究这个课题要做的事还有很多。我们必须承认，帮助我们了解母乳喂养问题最有益的新来源，是长期持续来做精神分析的各种类型案例。这其中包括正常的、神经症性的及精神疾病的案例。这些案例遍布各个年龄层，儿童和成人都有。

总之，要轻松跳过奶瓶替代母乳喂养的这个议题，是不可能的。在某些国家和文化里，奶瓶喂奶已是普遍现象，这也必然会影响这个地方的文化模式。从妈妈的角度来看，如果一切顺利，母乳喂养能提供最丰富的经验，也是最令人满意的方案。从小婴儿的角度来看，母乳喂养后妈妈及其乳房的幸存，比用奶瓶喂养后妈妈及奶瓶的幸存更为重要。因为母乳喂养的经验比较丰富，妈妈和小婴儿之间也许会有困难，但绝不能因此就反对母乳喂养，毕竟照顾小婴儿的最终目的并不只是要避免问题的发生。照顾小婴儿的目的也不单单局限在健康的发育上面，它还应包括让小婴儿获取最丰富的经验，从更长期的视角来看，是培养宝宝的个性与性格的深度及价值。

宝宝为什么总爱哭？

现在，你想了解的以及宝宝需要我们了解的那些事情，我们都仔细讨论过了。宝宝需要母乳和温暖的怀抱，也需要母爱和理解。如果你了解自己的孩子，就能在他需要的时候帮助他，而且妈妈比其他任何人都了解宝宝，除了你，没人能帮得了他。现在，我们就来谈谈他极其需要你帮忙的时刻，也就是哭泣的时候。

我们都知道大部分的宝宝都很爱哭。你需要经常在两种念头间选择，到底是让他继续哭下去，还是安抚他、给他喂奶，或让孩子的爸爸来哄哄，或者干脆将他交给对照看孩子非常有一套的保姆（这也许只是你一厢情愿的想法）？你可能又会说："别自作聪明了！宝宝哭的原因有千百种，在没有找出理由之前，谁也说不好该怎么办啊！"但是，我们可以先弄清楚宝宝哭的原因到底有哪些。

人类哭泣的原因有四种，当然这是很笼统的概括。就我们能说出来的原因，离不开下面这四种：满足、疼痛、愤怒和悲伤。你会发现，我说的这些都是很平常的事。这是每个带孩子的妈妈都知道的事，只是她没有像我这样把这些写出来罢了。

其实宝宝哭泣的原因很简单，它要么是给宝宝扩充肺活量的运动感觉（满足），要么就是苦恼的信号（疼痛），再不然就是表达怒气（愤怒），或者是把它当成一首哀伤的歌（悲伤）。如果你能接受我这个简单的观点，那么我就能继续解释我的想法。

为获得满足而哭

我一开始就说过，哭有时候是为了满足，为了愉悦。我这么说你们可能会感到很奇怪，因为大家都认为宝宝哭一定是感受到某种程度的苦恼。但我还是认为满足应该是第一个原因。我们不得不承认愉悦和哭泣的关系，就像它和任何身体功能的运作一样，所以我们有时候会说，宝宝要哭到一定的量才会满意，如果少于这个量就是还没哭够。

有些妈妈会告诉我：“我的宝宝很少哭，只在吃奶前哭一下。当然啦，他每天四点到五点间一定会哭一小时。我认为他是喜欢这样才哭的。这个时候的他并不是真的不舒服，所以我会站在旁边让他看到我，但不会刻意去安抚他。”

有的人认为宝宝哭的时候千万不要把他抱起来。关于这一点，我们后面再讨论。也有人说，绝对不能任由小婴儿一直哭。我认为这些人可能是在告诉妈妈：不要让孩子把拳头放到嘴巴里，或是啃自己的拇指，或是吸奶嘴，也不要在喂奶后让他在妈妈胸脯上玩耍。他们并不知道宝宝自己有（而且是不得不有）办法来解决麻烦。

总而言之，不怎么哭的小宝宝未必就比爱哭的小宝宝过得更舒服。如果非要在这两种极端之间做选择，我宁愿选择爱哭的小孩，毕竟他已经充分了解到自己制造噪声的本事。但孩子爱哭一定有个前提，那就是大人没有经常让他哭到陷入绝望。

我认为，从小婴儿自身来看，身体的任何运动都是有益的。呼吸本身对新生儿来说就是一项崭新的成就，在习以为常之前，呼吸是非常有趣的，而大喊大叫及各种各样的哭闹一定也很刺激。所以，你要知道哭泣本身是有价值的，这一点非常重要。哭让我们知道，它会在有麻烦的时候让人安心。宝宝哭大多是因为感到焦虑或不安，而且哭能帮上很多忙，至少它能让人安心。所以，我们必须承认哭是有好处的。再过一段时间，等小宝宝学会说话，他将会说个不停。

其实，小宝宝把他的拳头或手指头塞入嘴巴是为了借此来忍受挫折。尖叫就像从体内伸出来的拳头，没有人能阻挡。你能抓住宝宝的双手，阻止他将它们放进嘴巴，但你不能让他把尖叫塞回肚子里去。你不能彻底阻止宝宝哭泣，我劝你也不要做这种无谓的尝试。如果邻居忍受不了小宝宝的哭闹声，那么你很不幸，因为这样一来你就必须为了邻居们的感受，而不得不采取行动来阻止宝宝的哭闹。但这又是另外一回事了，跟研究你的宝宝为什么哭泣，以便预防或阻止没有好处甚至可能有害的哭闹，完全无关。

医生们说，新生儿精力旺盛的哭声是健康和强壮的表征。现在你知道了，哭是健康和强壮的征兆，是最早的体育活动，是一种生理功能的练习，它让人感到满足，甚至愉悦。但是，哭泣的意义还不止这些，那么哭泣的其他意义又是什么呢？

因为疼痛而哭

因为疼痛而哭，是所有人都知道的事实。这是宝宝让你知道他有麻烦了，需要妈妈帮忙的办法。

当宝宝感到疼痛的时候，他会发出一声尖叫，或是刺耳的声音，也会给你一些指示，让你知道哪里出了问题。比如，他要是肚子痛，双腿就会缩起来；要是耳朵痛，一只手就指着疼痛的那只耳朵；要是一道强光照得他不舒服，他就将头转开。但对于巨大的碰撞声，他就不知道该怎么指示了。

因为疼痛而哭，对小宝宝来说这种感受并不愉快，也没有人认为这是舒服的事，因为宝宝的哭声会立刻惊动旁边的大人，让人采取必要的应变措施。

你也许不知道，有种疼痛叫作饥饿。饥饿对小婴儿来说，的确和疼痛很像。饥饿让人感到疼痛的方式，大人差不多快要忘记了，因为成人很少会饿到肚子痛。这个道理很简单，你只要想想我们每天都做了多少事来确保粮食充足，就能明白了。即便是在战争时期，人们也是把粮食放在首位啊。我们经常会发问，不知道下一餐该吃什么，却很少担心没东西可吃。可是，小婴儿太了解饥饿所带来的那种剧烈疼痛和折磨的感受了。妈妈们喜欢乖巧又爱喝奶的小宝宝，这些孩子一听到声音、看见景象、闻到味道就感到兴奋，知道吃奶的时间到了。要是兴奋的宝宝一感觉到饥饿，他就会用哭闹来表达。但如果令人满意的喂奶能马上安排，宝宝会立刻忘了这份疼痛。

因为疼痛而哭闹，是孩子出生以后我们经常能听到的。当然，我们早晚会注意到新的痛苦的哭声，那是理解的哭。我认为这说明宝宝开始懂事了。因为他已经知道，在某种环境下，他预期的痛苦马上就要降临了。当你开始为他脱衣服，他就知道要离开舒适的温暖环境了，知道处境即将改变，所有的安全感即将消失，所以在你解开他上衣的扣子时，他就开始哭。这说明他懂事了，有经验了，眼前的这件事会让他马上想起另一件事。日子一周周地过去，他逐渐长大，这一切都变得越来越错综复杂。

你知道的，有时候小宝宝哭是因为尿布脏了。这大概是在暗示你，宝宝不喜欢被弄脏（当然，如果他继续包着脏尿布太长时间，皮肤会被磨损，这会让他感到疼痛）。事实上，他哭往往并不是讨厌被弄脏，而是因为他已经预知到后面的事情了。之前的经验告诉他，接下来的几分钟里，所有的安全感都会消失，即他的衣服会被解开、脱下，他将会失去温暖。

因为害怕而哭的预期是疼痛，正是因为这样，每种情况的哭声才会听起来都一样，但是宝宝会记住和会预知再发生的都很痛苦。所以，在宝宝经历过强烈的痛苦之后，一旦有任何事情威胁他再次经历那些感觉的时候，他就会提前因为恐惧而哭。不久之后他会发展出意念，有的意念是非常吓人的，所以如果宝宝哭了，说明有事情让他想起了疼痛，即使那件事情是他自己幻想出来的。

如果你才刚刚开始琢磨这些事，你也许会认为是我把它们变得既困难又复杂，但我也没有别的办法。不过，好在接下来的部分就像眨眼睛一样简单，因为我列出的哭泣的第三个原因是愤怒。

因愤怒而哭

我们都知道成人的脾气失控是什么样子，也知道有时气昏了头会失去理智，一时间不能控制自己。你的宝宝当然也知道什么是不计后果的大哭大闹。不管你多么努力，有时还是难免让他感到失望，所以他就愤怒地哭闹了。我认为这种情况下你至少还能安慰一下自己，因为愤怒的哭闹大概说明宝宝对你还留存一点儿信心，他希望能改变你。一个失去信心的宝宝是不会生气的，他只会停止欲望，或是用悲惨、幻灭的方式哭泣，或用头撞枕头、墙壁、地板，要不就是用各种方式伤害自己的身体。

让小宝宝充分认识到自己的愤怒是非常有必要的。他生气的时候绝对不会感到自己无辜。他生气了就会尖叫并且乱踢，如果再大一些，他还会站起来，摇晃婴儿床的栏杆。他会又咬又抓，还会吐口水和呕吐，把周围弄得一团糟。如果他真的决定闹到底，还会屏住呼吸，把脸憋得发青，甚至身体痉挛。那一刻他是真的想要摧毁，或是至少折磨每个人和每样东西。在这个过程中，他甚至做了摧毁自己的打算。这个时候，你需要竭尽所能让孩子脱离这个状态。反之，如果一个宝宝在愤怒的状态下哭闹，并且认为他已经摧毁了每个人和每样东西，身边的人却依然平静得没有受到一丝伤害，这个经验将会极大增强他的理解能力，他会知道自己以为的真实感觉并不一定就是真实的，幻想与事实虽然都非常重要，结果却是截然不同的。还有，你绝对没有必要激怒他，原因很简单，不管你喜不喜欢，已经有足够多的事情可以激怒他了。

有些人活在世上，总是害怕自己情绪失控，害怕自己襁褓时期的那种不顾一切的发怒，不知道会有什么后果。总而言之，因为某种缘故，他们从来不曾探过自己脾气的底线。也许那时候他们的妈妈被吓坏了吧。镇定的行为本可以培养小宝宝的信心，但妈妈却认为生气的宝宝真的很危险，结果就把事情搞砸了。

歇斯底里发怒的宝宝仍然是个人。他知道自己要什么，也知道怎样来达到自己的目的，并且拒绝放弃希望。一开始他根本不知道自己有武器，也不知道尖叫会伤人，更不知道这团脏乱会带来麻烦。但几个月下来，他开始感到危险，发现自己能够伤害人，也想伤害别人。好在他早晚会从个人的痛苦经验中了解到其他人也会受苦，也会疲倦。

小婴儿知道他能伤害你，也试图伤害你。从观察中看出这些事情的最初迹象，能让你收获很多。

因悲伤而哭

第四个哭闹的原因是悲伤。形容悲伤，就像向没有色盲的人描述色彩一样多此一举。但是，我认为，只提一下悲伤就结束是远远不够的。我的理由有好几个，其中一个是小婴儿的感觉极其直接且强烈，成人虽然很怀念婴儿时代的这些强烈感觉，在某些特定时刻也想重温这些体验，但他们早就学会了保护自己，潜意识里会避免产生婴儿时代那些几乎让人忍受不了的感觉。如果我们失去深爱的人，肯定会陷入沉痛的悲伤，经历了一段哀悼期后，我们的心情早晚会复原。也正是因为这样，我们不会像小宝宝那样，每时每刻不停地将自己陷入悲伤情绪。

实际上，很多人努力保护自己避免陷入沉痛的哀伤，有时候他们甚至把自己保护得过了头，以至于不能像自己所想的那样把事情当真；他们不能感觉到自己想要的那种深刻感受，因为他们对真实害怕至极。他们发现自己不能冒险去爱特定的人或物，他们害怕一旦大胆冒险，就会失去很多。保护自己免于哀伤，对他们来说益大于弊。我们知道，大部分人都爱看让人热泪盈眶、感人肺腑的电影，这说明他们至少还没有失去感受悲伤的能力！我们已经很难记起自己襁褓时期的悲伤了，所以并不能通过直接的情感共鸣去相信小宝宝的悲伤。

就算是小婴儿，他也能发展出一定的防御能力来抵抗深沉的悲伤。小婴儿的悲伤哭泣确实存在而且你肯定听到过。当你了解了哭泣的地位、意义及价值，如果你再听到小宝宝的悲伤哭声时，就知道该怎么办了。

当小婴儿因为悲伤而哭泣的时候，你就能推断出他在感情的发展上已经进展得相当不错。但是，如果你尝试去挑起悲伤的哭泣，你将会一无所获。这和前面提到的愤怒是一样的道理。你不能替他悲伤，你也不能替他生气。但你知道吗，愤怒和悲伤是有区别的，愤怒多多少少是对挫折的直接反应，而悲伤却透露出小婴儿心中非常复杂的发展变化，这个后面我会详细说明。

悲伤哭泣时发出的声音听上去有点儿像音乐的乐音。有人认为悲伤的哭泣声是很有价值的音乐来源，也许在某种程度上，小婴儿是借着悲伤的哭泣来安慰自己。他在等待睡眠来淹没自己的哀愁的时候，很容易就能发展并实验哭泣的各种音调。当他长大一些的时候，他会真的倾听伤心的歌声来陪伴自己入眠。

你知道，伤心的哭泣常会流眼泪，而愤怒时哭泣很少流泪。没有能力伤心地哭，意味着干燥的眼睛和干燥的鼻子（泪水在沿着脸庞滚下去之前，就是流到这里）得不到滋润，所以眼泪是健康有益的，在生理上和心理上都是。

伤心的价值到底是什么呢？对于十八个月大的幼儿来说，这个年龄段所发生的事情，比襁褓初期发生的事更加可信。例如，有个小女孩在四个月大时被人领养，领养前的生活很糟糕，所以她非常依赖妈妈。她不太能像比她幸运的孩子那样在心里建立起有个好妈妈在身边的念头，所以她牢牢黏着对她关怀备至的养母。这个孩子是如此需要养母真的在场，所以养母知道自己绝对不能离开孩子。但是，在她七个月大的时候，养母有一回把她托付给一个信得过的育婴师半天，结果非常糟糕。现在，小孩已经十八个月大了，养母决定休两个星期假。她已经跟孩子说好了，还把孩子托付给了熟识的人。但是，在养母离开的两个星期内，孩子一直试着转开妈妈卧房的门把手，她焦虑得不能去玩游戏，也不能接纳妈妈真的不在家的事实。她太害怕了，以至一时忘掉了伤心。我想，对她来说，这个世界停顿了两个星期。最后，妈妈回来的时候，孩子等了好一会儿才确定自己看到的是妈妈本人。她用双臂搂着妈妈的脖子，陷入哭泣与沉痛的悲伤，过了很长时间才恢复正常。

站在局外人的角度来看，我们都知道，在妈妈回来之前，小女孩的悲伤就存在了。但是，从小女孩的角度来看，在妈妈回来之前，悲伤并不存在。她要等见到妈妈的那一刻后才流下伤心的泪水。这是为什么呢？

我认为是这样的：小女孩必须克服某件让她非常害怕的事，那就是妈妈离开她的时候，她对妈妈所产生的恨意。我举这个案例，是因为这个小孩非常依赖养母（而且不能轻易在其他人身上找到母爱）。这个事实让我们很容易明白一件事：小孩会认为痛恨妈妈是非常危险的事，所以她一直在苦苦等待妈妈回来。

可等妈妈回来的时候，她又做了什么呢？有些人认为她极有可能会走过去打妈妈，但是这个小孩却紧紧搂住妈妈的脖子啜泣。对于这一点，妈妈又该怎么理解呢？我很高兴妈妈没有把下面这些话说出来——妈妈可能会说："我是你唯一的好妈妈。你发现你痛恨我抛下你离开了，所以感到害怕。你很抱歉你痛恨我。不仅如此，你还认为我的离开是因为你做了错事，或是因为你太黏我了，再或是因为在我离开之前你就恨我，总而言之，你认为我是因为你才离开的。你以为我再也不回来了。直到我真的回来了，你搂着我的脖子时才明白，是你心里的想法把我赶走的，即使我没离开之前，你就有这些想法了。你用悲伤赢得了搂住我脖子的权利，因为我的离开伤了你的心，你认为这一切都是你的错。实际上，你感到非常内疚，好像世界上所有的坏事都是因你而起。小宝宝确实是个大麻烦，但做妈妈的都有心理准备，也喜欢这个麻烦。虽然你很黏我，让我感到非常累，但是我决定领养你的，我不会因为被你折腾得太累就讨厌你……”

妈妈本可以说出这样一篇大道理，然而她没有这样做。事实上，她心中从来不曾闪过这些念头，因为她忙着哄小女儿还来不及呢。

悲伤背后的重要意义

只不过是一个小女孩的啜泣，为什么我说了一大堆道理？我相信小孩伤心的时候，所有人的描述都会不一样。所以，伤心的哭泣是一件非常错综复杂的事情。伤心的哭泣能说明在这个世界上，你的小宝宝已经占有一席之地了，他不再随波逐流，已经是一个独立的人了，已经开始为环境负起责任了。他认为自己必须为环境负责，而不只是对环境有反应。只是这个责任感有些过头，他认为应该为自己的遭遇和生命中的所有外在因素负起全部的责任。随着他的成长，他能慢慢地想办法，从他认为应该负责的一切当中，真正认识到属于他的那部分。

现在，我们来看看悲伤哭泣和因其他几种情绪而哭泣的区别。你肯定知道，从出生开始，小婴儿就会因为痛苦和饥饿而哭，愤怒则要等到他懂事以后才会出现，而害怕说明他已经懂得预期疼痛，这也表明小宝宝的心中已经发展出意念了。哀伤象征着小宝宝能感受到某件事优于其他强烈感觉。如果妈妈们能了解悲伤背后的意义是多么有价值，她们就会避免错过这些。当人们听到孩子亲口说出“谢谢你”和“对不起”的时候，往往会感到很开心。很少有人知道，其实“谢谢你”和“对不起”的早期版本，就蕴藏在小婴儿的伤心哭泣之中，而这种感情远比后来大人所教导出来的感激和忏悔的语言表达更加珍贵。

在我对这个伤心小女孩的描述里，你应该已经注意到了，她在妈妈的怀抱中感到伤心是非常合理的。和妈妈的关系满意时，愤怒的小孩一般都不会继续愤怒。他如果赖在妈妈的怀中，那是因为他不敢离开，但也许妈妈会嫌烦，希望他离开。事实上，从这个悲伤的小宝宝的角度来看，自己能被慈爱的妈妈搂抱在怀中，是因为他已经为伤害妈妈的事情负起责任了，所以他赢得了跟妈妈保持一份良好关系的权利。伤心哭泣的宝宝非常需要妈妈的身体和爱的表示。但是，他并不需要被人轻推，或逗得发痒，也不需要其他让他分心以便忘记哀伤的做法。他还陷在哀悼的状态中，需要一段时间才能恢复。他唯一要确定的是你还继续爱他。有时候，让他自己躺在那儿哭一哭会更好。你要知道，在婴儿期和童年，没有什么会比真正自然地从伤心和内疚的情绪中自我恢复更好的了，所以有时候你的孩子会故意地调皮捣蛋，他这么做是为了要感到内疚而哭泣，然后他需要感受到获得你的原谅，因为他急切地想重温真正从伤心中自我恢复的体验。

除了上面描述的多种不同的哭泣外，当然还有很多关于哭泣的事情可以谈，但是我觉得你已经从我之前尝试厘清的各种哭泣中获得帮助了。还有另一种很重要的哭泣，是无望和绝望的哭泣，如果宝宝心中已经没有了任何希望，可能就会变成这种哭声。在家里，你也许永远都不会听到这种哭声。如果你真的听到了，情况就不是你所能控制的了，那个时候你需要获得帮助，尽管我在前面曾非常清楚地强调过，你比任何人都更有能力照顾好自己的小婴儿。这种绝望和崩溃的哭声，大多数能在儿童收容机构里听到，因为那里不可能让每个小婴儿都有一个好妈妈。在这里，我只是为了强调它的特殊性，才提及这种哭泣。

奉献自己来照顾小宝宝，这意味着宝宝是多么幸运；除非有什么事情意外打乱了你们的相处模式，否则他就能直截了当地让你知道：他什么时候在生你的气，什么时候又很爱你，什么时候不想要你，或是他什么时候感到焦虑或害怕，以及什么时候希望你知道他正在经历伤心的体验。

一点点了解陌生的世界

如果你参加哲学思辨的讨论，你会看到人们说得唾沫横飞，激动地争辩什么是真的、什么是假的。有人说，我们摸得到、看得到和听得到的东西才是真的；有人却说，感觉真实就是真的，比如一场噩梦，再比如你在漫长的队伍中等待公交车，有人却在这个时候插队，你内心油然而生的深恶痛绝。只是哲学问题听起来实在是太艰深了，而且它跟照顾小宝宝的妈妈又有什么关系呢?

可以说，照顾小宝宝的妈妈们处理的是不断改变、持续发展的一件事。一开始，小婴儿并不认识这个世界，只有等到妈妈完成育儿任务的时候，小宝宝才会长成一个认识世界、能在这个世界生存的人，甚至还能参与世界的运作，这是一段了不起的发展历程。

但是，有些人在面对我们认为的真实事物时会有些困难，因为他们并不认为那些是真实的。我们都有过这样的体验，想象有时候会特别真实，比如比现实还要真实的梦境。我们大部分人都能分清楚真实和想象。但对某些人来说，他们自己的想象世界比我们所说的真实世界还要真实，所以他们根本不能好好地活在真实的世界里。

那么，我来问你一个问题：为什么一个平凡的健康人，既能感觉到这个世界的真实感，又能感觉到想象的和个人的真实感？我们到底是怎么变成这样的？这种能力的获得绝对是一件好事，因为这样一来，我们就能运用想象力让世界变得更加丰富刺激。我们就是这样长大的吗？其实，我们并不是靠自己就能一下子长成这样的，是我们每个人的妈妈带我们一步步地认识这个世界，才使得我们长成了这样。

二至四岁的孩子，他们的世界到底什么样？蹒跚学步的小宝宝，到底是怎么看这个世界的呢？对刚刚学会走路的宝宝来说，每种感觉都是极其强烈的。成人只有在特殊时刻，才能达到年幼时所特有的美妙强烈的感受。我们喜欢那些能帮我们达到这种境界，但又不会吓到我们的事。

对某些人来说，能带他到达这个境界的是音乐、是图画；而对另外一些人来说，则是足球赛，或是激情四射的舞会，或是在经过女王的轿车旁那短短的惊鸿一瞥。那些活在现实但又有能力享受这些强烈感觉的人，无疑是非常快乐的，即便他们只是在梦里记住了这些美妙的感觉。

对孩童们来说，生命是一连串美妙强烈的感受，对小婴儿来说更是这样。你非常清楚，在你打断孩子的游戏时会让他很生气。实际上，你非常想给他一个警示，这样孩子才能乖乖结束游戏，并忍受被你打断。曾经某位叔叔给孩子的玩具对他来说是真实世界的一小部分，但如果能在恰当的时候，由对的人、用适当的方式把这个玩具拿给孩子，这对孩子来说又另有一番意义了。或许我们也能想起自己曾经拥有过的小玩具，以及它当时对我们的特殊意义，但是如果它现在还摆在你家壁炉上，看起来又是多么平淡无奇呀！

同时活在现实世界和想象世界里

二至四岁的孩子同时活在两个世界里：一个是我们和小孩分享的真实世界，另一个则是孩子自己的想象世界。这两个世界会重叠在一起，以致孩子能如此强烈地经历它。在面对这么大的孩子时，我们并不会坚持让他们对外面的世界有个精确的认知。对于这么大的孩子，双脚并不需要每时每刻牢牢地固定在地面上。如果一个小女孩想要飞翔，我们不会直接告诉她：

“小孩子不会飞。”事实上，父母会将她抱起来，扛在头顶上飞来飞去，再把她抱到柜子上面，让她感觉自己就像一只小鸟回到鸟巢了。

过不了多长时间，孩子自己就会发现，飞翔并不是靠魔法实现的。倒是他偶尔会在梦里神奇地飘浮在空中，醒来后或许还能留有一些模糊印象，但他知道这只是梦。至于童话故事里说到的能健步如飞的“七里格长筒靴”(seven-league boots)[①]或会飞的“魔毯”，其实都是成人通过想象制造出来的东西。当孩子十岁左右时，他会练习跳远或跳高，努力跳得比别人更远或更高，他享受停留在空中的感觉。他这么做，除了梦的原因，还有一个原因就是他三岁左右自然产生的飞翔概念所残留的强烈感受或印象。

我想强调的是，父母不需要把幼儿框死在现实规范上，当孩子长到五六岁大的时候，最好也不要这样做。如果一切顺利，到了那个年纪，孩子自然会对真实世界产生科学方面的兴趣。这个真实世界能给我们的东西很多，但不能因此就丢失了个人内心世界或个人想象的真实感。

---

① 七里格长筒靴是欧洲童话故事里经常提及的一个魔法宝物。一里格等于三英里，所以七里格也就是二十一英里，约三万五千米。——译者注

对孩子来说，内心世界是外在与内在并存的。这一点是肯定的，所以当我们玩起孩子的游戏，或换个方式参与孩子的想象经验的时候，就能进入小孩的想象世界。

有一个关于三岁的小男孩的案例：他非常快乐，整天一个人或是和其他孩子一起玩耍。他还会坐在餐桌旁边，像个大人一样吃饭。白天的时候，他已经能知道我们所说的真实事物和孩子的想象力之间的区别。到了晚上，他又会怎样呢？他睡觉了，而且像往常一样做起了梦。有的时候，他会尖叫着醒来。这个时候，妈妈就会赶紧跳下床，冲进孩子的房间打开电灯，把他紧紧抱进怀里。他会因为妈妈的做法而开心吗？恰恰相反，他也许会大喊："滚开，你这个巫婆，我要妈妈。"原来，他的梦境蔓延到真实世界里来了。妈妈无可奈何地在旁边等了将近二十分钟（这二十分钟里，对孩子来说，妈妈就是女巫）。突然，他又扑过来，紧紧搂着妈妈的脖子，好像她才刚刚出现一样，但他还没来得及告诉她梦里的故事就又睡着了。然后，妈妈把他放回床上，再回到自己的房间。

还有一个七岁的小女孩，她是一个非常乖的孩子。她告诉妈妈，新学校里所有的小孩都和她作对，女老师也很可恶，经常找她麻烦，拿她做坏榜样来羞辱她。这又是怎么回事呢？妈妈当然得亲自去学校看看，或是跟老师谈一谈。我不排除有时有的老师确实做得有些过分，但事实上，你去了学校后可能会发现，老师为人很坦率，也很善良，她其实也很苦恼，因为这个小女孩似乎总在自找麻烦。

孩子本来就不知道这个世界的真实模样，而且我们必须允许孩子拥有成人所谓的妄想。当然，你也许只要邀请老师来家里喝喝茶就能解决孩子的问题。过了一段时间后，你会发现孩子又走到另一个极端——她非常喜欢老师，甚至近乎崇拜。现在因为出于对老师的爱，她反而挂念起其他不受宠的小朋友来了。再过一段时间，整件事情就平息了。

如果我们观察幼儿园的幼儿，也许很难通过我们对老师的了解去猜测孩子们是不是喜欢这个老师。你可能是认识这个老师的，认为她并不怎么样，不太招人喜欢，而且在她妈妈生病的时候，还表现得非常自私，等等。然而，孩子们对这个老师的感觉并不是用这些事情来衡量的。孩子也许很依赖、很喜欢她，因为她既可靠又和蔼，而她也确实是孩子的快乐和成长中不能缺少的人。

呵护母婴共享的小世界

这一切都来自早期阶段妈妈和小婴儿之间的关系。这份关系的建立有个特殊的条件，那就是妈妈跟小宝宝分享了一小部分特殊的世界，而且这个世界要足够小，孩子才不会混淆。但这个小世界又要不断扩大，才能配合孩子逐渐增加他对这个世界的享受能力。这是妈妈最重要的一项任务，而她深谙此道，无师自通。

如果我们更仔细地思考一下就会发现，妈妈有两种做法对这一点有很大帮助：一是她不厌其烦地避免巧合，因为巧合往往会造成混淆，比如在断奶的时候把孩子交给别人照顾，或是在孩子出麻疹时开始吃辅食，等等；二是她有办法让孩子区分事实和幻想。后面这一点，需要我们更仔细地探讨一下。

当小男孩在半夜醒来，把妈妈误认为巫婆的时候，妈妈很清楚自己并不是女巫，所以她耐心地等待孩子恢复神志。第二天，当孩子问她："妈妈，世界上真的有女巫吗？"她马上回答："没有。"而下一秒，她又找出一本女巫的故事书来讲给孩子听。当你的孩子对你特别准备的且营养丰富的牛奶布丁做鬼脸，说这布丁有毒不能吃的时候，你并不会生气，因为你很清楚布丁是好的。你也知道孩子只是暂时以为布丁有毒，你会想办法让他改变想法。过不了几分钟，他也许已经津津有味地把布丁吃掉了。当然，如果你对自己没有把握，就会少见多怪地强迫孩子把布丁吃下去，好向你自己证明布丁是好的。

作为成人，你对"什么是真的，什么不是真的"当然已经足够清楚。对于这一点，你可以用各种方式来帮助孩子，因为小宝宝要慢慢地才能了解这个世界和他想象的不一样。你还应该一步步告诉孩子，想象的世界和真实的世界虽然不一样，却彼此需要。你知道你的宝宝爱上的第一样东西是什么，它也许是一块小毯子，也许是一个柔软的玩具。对小婴儿来说，这个心爱之物几乎就是他自己的一部分，如果你把它拿走，或是拿去清洗，都会导致他的强烈抗议。但是，当小宝宝能够把这个东西和其他东西一样丢掉的时候（他当然还是希望它们会被再捡回来），你就应该知道时机已到，小婴儿已经允许你走开再回来。

现在，我想再回到一开始。俗话说，万事开头难。如果开始时能顺顺利利，那么后面的发展自然是水到渠成。所以，我想回过头来聊聊刚开始喂奶的事。前面我曾说过，当宝宝的头脑中浮现出意念的时候，妈妈就送来了她的乳房（或奶瓶）；当意念从宝宝的头脑中淡出时，妈妈就让乳房消失。你知道吗，妈妈这么做的时候，她已经用一个非常好的开始把这个世界介绍给小宝宝了。等到宝宝九个月大的时候，妈妈大概已经喂过一千次奶了，而且她还在用同样巧妙、恰到好处、符合宝宝需求的方式，来处理她给宝宝做的一切事情。对这个幸运的小婴儿来说，这个世界从一开始就用这种方式运作。真实世界和他的想象力紧密地结合在一起，且巧妙地融入他的想象力脉络中。这样一来，小宝宝的内心世界会因为对外面世界的丰富感知，而变得更加充实。

那么，我们再来想想人们所说的“真实”到底是什么意思。如果某个人在婴儿时期，妈妈曾用上面我说的这些好方法向他介绍这个世界，就像你为你的孩子做的那些一样，他就会明白“真实”有两个层面，也能同时感受到这两种现实。但有些人也许没这么幸运，他的妈妈可能把事情搞砸了，对这些人来说，真实只有一种：不是这种，就是另一种。对这些不幸的人来说，这个世界如果不是外在的现实（所有人看到的都是一样的现实），就是完全出于个人的想象。于是，这两种人对于“什么是真实”这个话题的争论，就成了一场哲学思辨。

所以，“什么是真实”是根据每个人孩童和成长期里认识这个世界的方式而定的。一步一步地向小宝宝介绍这个世界，是一项惊人的任务，平凡的妈妈能够开始并完美地完成这一任务，不是因为她像哲学家一样聪明，而是因为她深爱宝宝，并愿意为他付出一切。

把宝宝看成有思想的生命

我一直在思考，究竟应该怎么描述“小婴儿也是个人”。我们看见食物进入宝宝的身体，消化后的一部分被派送到全身，帮助他成长；有些则储存起来成为以后的能量；还有些则用各种方式排泄出去。这一点是非常容易看出来的，但这些都是在观察宝宝身体的前提下得到的，重点放在身体上。如果我们观察同一个小宝宝，把重点放在他这个人身上，也非常容易看到除了身体的经验之外，还有想象的喂奶经验，这两者互为表里。

其实你为了小宝宝付出的一切，就像食物一样进入他的心。小宝宝利用这些爱长出了某个东西，而且还经历了好几个阶段：先是利用你，然后再甩掉你，就像吃进去的食物一样。如果能让他突然长大一点儿，我应该就能好好解释我的意思了。

比如，一个十个月大的小男孩坐在妈妈的膝上，而他的妈妈正在跟我说话。他很清醒，又神采奕奕，对一些东西自然会产生兴趣。为了不让小孩干扰我们的谈话，我故意在他妈妈跟我之间的桌子角落上，摆了一个吸引人的物件。我和他妈妈一边谈话，一边留意着他。如果他是个正常的小孩，一定会注意到这个吸引人的物件（你可以认为是只汤匙），还会伸手去抓它。实际上，他刚碰到汤匙，就突然变得小心翼翼，好像是在想："我最好先搞清楚一件事：不知道妈妈对这个东西有什么意见。在我弄明白妈妈的意思之前，最好还是先住手为妙。"所以，他马上转身离开这只汤匙，仿佛并没有更进一步的打算。过了一会儿，他再次对它产生了兴趣，试探性地用一根手指头去碰碰汤匙。他也许会抓住它，然后再看看妈妈，判断能否从她的眼神中看出一些端倪。这个时候，我必须告诉这位妈妈该怎么办，如果不这么做，她也许会帮他拿，或是出手阻止他拿，所以我要求她尽量不去干涉孩子。

宝宝慢慢读懂了妈妈的眼神，妈妈并不反对他正在做的事，所以他把汤匙抓得更牢，据为己有。但是，他依然有点儿紧张，因为他还不确定，如果自己随心所欲地使用这个东西会产生什么后果，他甚至不知道自己要拿它来干什么。

用不了多久，他大概就会发现汤匙该怎么用了，这时他的嘴巴已经开始兴奋。他看上去很安静，也很谨慎，但口水已经从他的嘴角流出来，舌头看上去有点儿松垮垮的——他的嘴想要这只汤匙，牙齿也想咬它。再过一会儿，他就会把汤匙塞到嘴巴里。然后，他对汤匙产生了常见的攻击感，仿佛要把它吃下去一样，那是狮子、老虎及小婴儿抓到好东西时的本能反应。

现在你看到，小宝宝已经把这个东西据为己有了。他再也不是专注、疑惑和彷徨的安静状态。相反，他自信满满，被新的收获深深鼓舞。我相信在想象中他已经把汤匙吃下去了，就像食物一样被吞下去了，然后消化成为他的一部分。这只汤匙在想象中变成他的一部分，能为他所用了。那么，他会怎么运用呢？

答案显而易见，因为这是你家里经常发生的事情。他会把汤匙放进妈妈的嘴里去喂她，要她一起来玩游戏，假装吃了它。请注意，他并不是要妈妈真的咬，如果妈妈真的把汤匙放进嘴巴里，他会被吓坏的。这只是一个游戏，是小宝宝在练习想象力。他自己在玩，还邀请别人一起玩。他接下来还会做什么呢？他也许会喂我，要我假装吃下汤匙，还可能作势把它推向其他人，请大家一起品尝这个好东西。他已经拥有汤匙了，所以也要其他人拥有它，反正他有东西能慷慨地跟人分享。现在，他把汤匙放进妈妈上衣里的乳房上，然后重新发现它，再把它拿出来。然后，他把它塞进吸墨纸垫下面，玩起了失去它再找到它的游戏。或者，他会注意到桌上还有个碗，他想象碗里面有食物，用汤匙把食物舀出来，假装在喝汤。这个经验非常丰富，呼应了身体中段的那段消化过程，也就是从食物被吞下去消失后，到变成大小便排出来的过程。几乎每一个小宝宝都会被这类游戏所鼓舞。

现在，小宝宝已经扔下汤匙。他的兴趣应该已经转移到其他东西上了。我把汤匙捡起来，让他再拿去。他似乎还要它。他又一次玩起游戏，就像以前一样玩汤匙，把它当作自己身上的一部分。但过不了一会儿，他又把汤匙丢掉了，这显然是故意弄掉的。也许，他喜欢汤匙掉在地上的声音。我把汤匙捡起来再递给他。他接了过去，然后又故意丢掉，他把丢掉汤匙当成一种游戏。我再把汤匙捡回来给他，这次他可能还会扔掉。接下来，他已经伸手去拿其他吸引他的东西了，汤匙已经被他抛到脑后，这个游戏也结束了。

我们已经看过宝宝是怎么对某样东西产生兴趣，并把它变成自己的一部分；我们也看着他使用它，然后又把它扔在一边。这样的场景不断在家里上演，只不过在这个案例里，我们让小宝宝有更多的时间去体验这一段经历，使得这一发展的顺序更加明显。

宝宝的内心世界

那么，我们从观察这个小男孩的过程中获得了什么呢？

首先，我们看到了一个完整的经验。因为整件事是在一个受控制的环境里发生的，事件有开始、中间过程和结束，很完整，这对小宝宝来说是有好处的。如果你赶时间，或感到烦恼，不允许完整的事件发生，小宝宝的经验就会缺乏。如果你是个有想法的人，又有充裕的时间，就能让这些事情完整地发生。事实上，你如果真的爱你的孩子，就应给他留下充裕的时间。事件完整地发生能让小宝宝掌握时间感，因为一开始他们并不知道事情是有始有终的。

你发现了吗，只要有了一个强烈的开始和结束的感觉，我们就能好好享受（如果是不好的开始和结束，则是忍受）中间过程。

给孩子时间拥有一个完整的经验，并且你会全程参与，这样就能逐渐为孩子的能力发展打下良好基础，让他将来能好好享受各种经验，而不必慌慌张张。

其次，从观察小宝宝和汤匙的互动过程中，我们还能得到另一点收获。那就是我们能看到，当开始一场新的冒险时，小宝宝是如何对新事物产生怀疑和犹豫的。我们看到小宝宝伸手去触碰了汤匙，但在第一次简单的接触后，他便暂停了对汤匙的兴趣。接着，他小心观察了妈妈的反应，才又恢复了兴趣。但在他真的把汤匙塞进嘴巴里咬之前，他还是非常紧张，也没什么把握。

当有新状况出现的时候，如果妈妈在场，宝宝必然会先征询她的意见。所以，你必须了解，哪些能让小宝宝碰触，哪些不能。而最简单、最好的办法就是：不要把小宝宝不能拿和不能放进嘴里的东西放在他的身旁。你看，小宝宝是在努力学习你的行事原则，这样以后他才有办法判断什么是你允许的。宝宝再大一些时，你会用语言告诫他，你会说“太尖”“太烫”，或是用某种方法说明这对身体有危险。

知道该如何帮助孩子，才能避免陷入什么能碰、什么不能碰的麻烦之中，实际上你只要清楚自己禁止什么、原因是什么，就能做到这一点。总而言之，只要妈妈在小宝宝旁边就行了，毕竟预防好过治疗。同时，你也要刻意提供一些孩子喜欢把玩和嚼咬的东西给他。

另外，我们再来看看宝宝学习伸手去拿、去寻找和抓取东西，以及放进嘴巴的技巧是怎样的过程。每当我看到只有六个月大的小宝宝做完整段动作的时候，我都会非常吃惊。十四个月大的孩子反而因为他的兴趣太多，很难观察清楚这个过程。

我认为我们观察这个小宝宝得到的最好收获，应该是这一点：我们从发生的事情中看到，他不只是一个小男孩，还是个有想法的人。

妈妈们应该为小宝宝准备一个日记本，每当他学到了一种新技巧，你就记录下来。但可不仅仅是技巧而已，还有游戏。小宝宝通过玩游戏，能展现出他心中已经建立的一些东西，我把这些东西称作游戏材料。而玩游戏的过程所表达出来的就是他想象力丰富、鲜活逼真的内心世界。

小宝宝的这种想象生活充实了身体的经验，同时也被身体的经验所充实。谁都不知道小婴儿从多早开始就有了这种想象生活。三个月大的时候，小宝宝也许就想用一根手指头去触摸妈妈的乳房，并在吃奶时玩喂妈妈吃东西的游戏。最早的那几周呢？谁知道呢？在喝母乳或吸奶瓶的时候，小婴儿也许同时想吸吮拳头或手指（他什么都想要），这说明他的需求可不单单是纯粹要吃饱肚子而已。

那么，我的这些描述究竟是写给谁看的呢？妈妈从一开始就非常清晰地在宝宝身上看到了作为人的表现。但也有些人会告诉你，小婴儿在六个月大以前，只有体形像人，并且存在条件反射。当你再听到有人这么跟你说的时候，你可千万别上当了！

当宝宝不断成长并显现出他生而为人的独特想法时，请尽情享受他在你眼前展现的种种迹象，因为宝宝需要你和他同在。所以，请做一个有耐心的妈妈，对于宝宝感兴趣的东西，请不要匆匆忙忙、大惊小怪，或是敷衍了事地回应他。最重要的是，宝宝的兴趣说明了他有自己的内心世界。如果你也有旗鼓相当的玩兴，当这两个玩兴碰在一起时，宝宝就会因此发展出一个丰富的内心世界，而一起玩耍将会成为你们母子关系中最精彩的一部分。

断奶

关于断奶，谁都不会告诉你究竟应该在什么时候，用什么样的方法断奶；事实上，好方法有很多，保健人员和医生都会给你提供正确的建议。我只能从笼统的角度来说说断奶，帮助你看清楚自己究竟在做什么，无论你用的是哪种方法。

事实上，大多数妈妈在断奶这件事上都毫无困难，因为喂奶过程进行得非常顺利，让宝宝确实拥有过一些东西，所以宝宝才会放弃。毕竟，谁也不能让人舍离那些他们从来不曾拥有的东西。

我小时候，有一次，大人允许我随心所欲地吃覆盆子和奶油。我永远记得那次美妙的经验。现在我从那段回忆中能获得的享受，远比吃覆盆子还痛快。那么，你是否也记得某件美妙的往事？

所以，断奶的前提就是，宝宝曾有过美好的乳房经验。在正常的情况下，九个月大的小宝宝大概已经含着乳房吃了一千多次母乳，这给了他足够多的美好回忆，或是做美梦的素材。然而，重点不只在这一千多次上面，更在于宝宝和妈妈在一起的方式。就像我反复强调的，妈妈体贴地配合小婴儿的需求，让小婴儿产生了“这个世界是好地方”的念头。这个美好的世界出现在小婴儿的面前，所以小婴儿能去适应这个世界。正是妈妈一开始小心周到的体贴，换来了小宝宝的配合。

如果你跟我一样，相信小宝宝从一生下来就有想法，那么你也许会知道，对宝宝来说，吃奶这件事通常并不是每次都那么美好，例如它经常打断宝宝安详的睡眠、清醒的沉思。人的很多本能的需求，大多数都既激烈又吓人，所以一开始对小婴儿来说，这似乎会威胁到他的生存。当饥饿来袭的时候，他感觉就好像饿狼上身一样。

宝宝九个月大的时候，已经习惯了这种事，即便他被本能的冲动支配，他也有办法忍住。宝宝甚至能了解到这些冲动正是一个人活着的证明。

小婴儿正逐渐成长为一个有想法的人。在安静的时刻，小婴儿慢慢看到了提供乳房的妈妈也是一个人，一个那么迷人而珍贵的人。那么，他在这个时候感到饥饿，自己又无情地攻击迷人的妈妈，这是一件多么伤心的事呀！正是因为小婴儿的这些想法，让他会对乳房失去胃口，让他不想承认乳房是妈妈的一部分，于是他把深爱的完整美丽的妈妈，和自己兴奋时所攻击的对象（乳房）区分开来。

成人心动的时候，会发现自己总有顾虑，这给自己带来了很多痛苦，也会造成失败的婚姻。不仅在这方面，还有其他很多方面，成人心理健康的基础都是在襁褓时期那个平凡的好妈妈给打下的。这样的妈妈不怕孩子有想法，在孩子攻击她的时候依然爱着他，给他完整的经验。

由此可见，对妈妈和小孩来说，用乳房喂奶的确是更充实且丰富的经验。这一切当然能用奶瓶来替代完成，而且就喝奶来讲，奶瓶反而更好，因为对小宝宝来说，用奶瓶喝奶更容易，也不那么刺激。然而，如果能完成哺乳经验，又能成功结束，对人生来说，会是一个良好的开端。这个过程提供了丰富的梦想，还让人具备冒险的能力。

断奶的好时机

俗话说，一切美好的事物终究会结束。其实，结束也是美好的一部分。

在上一章中，我讲了一个小孩去拿汤匙的故事。他拿到了汤匙，含住它，享受拥有它，把玩它，然后扔掉它。所以，这个小宝宝的脑子里已经浮现了“结束”这个念头。

在九个月大甚至七八个月大的时候，小宝宝就已经很会玩丢东西的游戏了。这对小宝宝来说是非常常见的现象，也是一个非常重要的游戏。但对身边的人来说可有点儿恼人，因为得有人随时把他丢掉的东西捡回来。当你从商店出来后，或许过不了多久你就会发现，小宝宝已经从婴儿车内丢出一只泰迪熊、两只手套、一个枕头、三颗马铃薯，还有一块肥皂。当然，会有人把他丢掉的东西全部捡回来，而小宝宝正指望有人这么做。

到九个月大的时候，大多数小宝宝都懂得扔东西了，甚至还会自动断奶。

事实上，断奶正是利用了小宝宝正在发展的丢东西的能力，在这个时候断奶，妈妈和孩子都更容易接受。

但是，小宝宝为什么要断奶呢？为什么不继续喝下去呢？因为永远不断奶不符合自然成长规律，而且也虚幻得不合实际。断奶的想法必须首先来自妈妈，她必须勇敢到能够承受小宝宝的愤怒，以及宝宝因此产生的糟糕可怕的念头，即使在这种情况下，她也要圆满地完成喂奶的愉快工作。其实不用担心，当时机成熟，断奶能大大拓展小宝宝的经验的时候，原来很爱吃母乳的小宝宝自然也会很乐意断奶的。

在断奶时机来临的时候，你肯定早就提前为宝宝介绍了其他食物，甚至早就给他添加了固体食物，比如甜面包之类的食物让小宝宝咀嚼，你还会用汤或其他食物来尝试代替母乳。在这个过程中你发现，任何新的食物都可能遭到小宝宝的拒绝，但过了一会儿再试一次时又会被小宝宝接纳。你不需要一下子从完全吃母乳改为完全不吃，但如果你（因为生病或条件不允许）必须突然改变，就要做好可能会碰上棘手难题的心理准备。

如果你知道断奶的连锁反应错综复杂，就会尽量避免在断奶的时候把宝宝交给别人带。在搬新家或搬去和其他家人同住的时候断奶，并不是一个好主意。如果你能给小宝宝提供一个稳定的场景，断奶就会成为他成长的宝贵经验。反之，如果没办法，那么断奶也许就成了麻烦的开始。

还有一点，白天的时候小宝宝已经成功断奶了，但睡前的最后一餐还是得吃母乳才行。所以，孩子在成长，但并不是每时每刻都在向前进。这种退步在孩子身上是经常发生的事，甚至在以后的某些时候，你会发现孩子的心理年龄并不总是随着生理年龄的增长而一起增长。在某些时刻，他也许会在心理上超龄，但他偶尔仍然是小宝宝，甚至是小婴儿，而你必须时时配合这些变化。

在未来的某天如果你发现这样的情况：你的儿子已经盛装打扮，能勇敢地跟敌人作战了，还会向在场的每个人发号施令。但是，他站起来的时候额头撞上桌子，一瞬间他仿佛突然变成了小宝宝，委屈地趴在你的腿上哇哇大哭。你应该知道，一岁大的孩子有时候心理年龄只有六个月大，这不足为怪。这些都是你纯熟的育儿经验，你随时都知道孩子现在有多大。

所以，白天断奶之后，小宝宝晚上也许还要继续喂奶，但你知道迟早是要断得干干净净的。而且，对孩子来说，你干脆彻底的决心可能比犹豫不决更好。

现在我们来看看，在你勇敢地断奶的时候，能预期得到小宝宝的哪些反应。我之前说过，小宝宝也可能自己主动断奶，那样一来你将不会看到任何麻烦，但就算是这样，他在断奶时也许会食欲下降。

一般情况下，断奶必须一步步进行，并要在稳定的场景里进行，也不能有其他特殊的麻烦出现。小婴儿喜欢新鲜的经验，但在断奶时出现反应甚至是激烈的反应也是正常的。原本非常乖巧的小宝宝，在断奶时也许会失去食欲，或是痛苦地拒绝食物，甚至会用发脾气和哭闹来表达他对吃奶的渴望。在这个时候，强迫孩子吃东西并不明智。因为在他眼中他感觉一切都变坏了，你无法改变他的想法。你只能耐心等待，做好准备，等他慢慢转变，恢复进食。

这段时间，宝宝也许会在睡梦中突然尖叫着醒来，这个时候你只要等他清醒就行了。或者事情也许会进行得很顺利，即使这样，你也要时刻注意孩子是否变得哀伤，哭声中是否有新的音符，或是那种转变成音乐的调子。哀伤也不完全是坏事，不要认为伤心的宝宝都必须抱过来逗到破涕为笑才行。他们心中是会有些感伤，但只要你愿意等待，悲伤总有结束的时候。

断奶时，小宝宝也许会时不时地伤心，这是因为环境逼出了他的愤怒，破坏了他曾经拥有的美好。这个时候，在宝宝的梦里，乳房不再是那么美好，他痛恨它们，他还会感觉到它们是不好的，甚至是危险的。这也是为什么童话中会塑造一个送上毒苹果的邪恶女人的形象。对刚刚断奶的小婴儿来说，变坏的乳房是属于好妈妈的，他需要一些时间去复原美好，重新调整心情。平凡的好妈妈当然不会逃避这种责任，她在一天二十四小时里总会有几分钟不得不做一个坏妈妈。好在她早就习惯这样了，她相信小宝宝早晚会把她看成好妈妈。孩子总有一天会长大，会最终清楚妈妈真正的为人，知道她虽然不完美，但也绝不是个巫婆。

所以，断奶有个更广泛的层面，那就是不仅要让孩子接受母乳以外的其他食物或使用杯子，或学会用双手吃饭，而且包含了一个渐进的幻灭过程——这正是父母的任务之一。

平凡的好妈妈和好爸爸并不需要受到孩子的崇拜。他们忍耐着孩子将他们理想化和痛恨的两个极端，希望孩子最终把他们看作平凡人，因为他们本来就是普通人。

再谈把宝宝看成有思想的生命

人的发展是持续的过程，身体发育和性格发展都是这样，处理人际关系的能力也同样如此。所以，错过或破坏了孩子的任何一个阶段，都会产生不良的后果。

我们所说的健康，是指“和年龄相符的成熟度”。避开某些意外的疾病不说，这个论点就身体上来看显然没错；至于心理上的健康和成熟，同样也是这么回事。也就是说，如果在发展过程中没有遇到障碍或产生扭曲，一个人的情感就会朝着健康的方向发展。

这说明父母对小婴儿无微不至的照顾，不只是为了获得亲子乐趣，而且对孩子的健康是绝对必要的。缺少这些呵护，小宝宝就不能长大，也无法成为健康或有用的成年人。

孩子身体发育的时候，虽然可能会出现各种各样的问题，比如，驼背、O 形腿，但这些都不算最糟糕的事。如果在心理的发展上，小宝宝被剥夺了某些很寻常却很必要的事物，比如充满关爱的搂抱，那么他的情感发展注定遭受波折，成长过程会出现许多困难。当孩子在成长的过程中，通过各个错综复杂的内在发展阶段，终于学会处理人际关系时，父母会发现自己的苦心养育都是值得的。这对所有人来说都是意义非凡的。我们必须承认，如果不是有人为我们的人生提供了一个好的开端，我们是绝不可能成为健康且成熟的成人的。而这个好的开端，就是养育孩子的基础。

人生的故事绝不是从五岁或两岁或六个月大才开始，而是从刚生下来就展开了，甚至在出生之前就开始了。也就是说，每个小宝宝从一开始就是个有思想的人，需要有人用心地来了解他。实际上，孩子的妈妈比其他任何人都了解自己的孩子。

这两段话意义深远，那么接下来该怎么继续呢？心理学会告诉我们如何做好父母吗？并不能。相反，我们应该研究那些妈妈和爸爸天生就能做到的事情，让他们知道为什么要做这些，还要让他们对自己充满信心。

我们来看看一对母女。妈妈要抱小女儿的时候，她是怎么做的呢？妈妈抓住孩子的脚，把她拉出婴儿车，然后向上一甩？或是一手夹着香烟，一手抓住孩子？肯定不会。她可能会先小声提醒小宝宝“妈妈要抱你喽”，再双手环绕宝宝，然后才移动她，也就是妈妈先取得小宝宝的合作，再将孩子抱起来，然后让小宝宝趴在自己的肩膀上。接下来，她让小宝宝靠在自己身上，她的头依偎着小宝宝，好让小宝宝感觉到她的温度，感觉她是个人。

再看另一对母子。妈妈是怎么帮小男婴洗澡的呢？是把他放在电动清洗机里，让机器自动操作？当然不可能。妈妈知道洗澡对她和小宝宝来说是一段美好的时光，她准备好好享受。她小心谨慎地做好准备工作，先用手测试水温后，再把宝宝放进去，帮他抹上肥皂，小心翼翼地抱着他，绝不让宝宝从她的指缝间滑开。另外，她还把洗澡变成了一种享受，增进了正在滋长中的母子关系，促进了彼此的感情。

妈妈们为什么要如此大费周章呢？单纯来说，这一切都是为了爱，因为她心中有着深深的母爱，因为她的真心付出，所以她非常清楚孩子的需求。

妈妈不厌其烦地主动调整和配合

再回过来谈谈该怎样抱起小婴儿。妈妈毫不费事就做到了这件事，她用下面几个动作，让小女婴享受被抱起来的感觉：

（1）先给小女婴发出预警信号；

（2）取得她的同意和合作；

（3）再抱住她；

（4）用她能理解的简单目的，把她从一个地方带到另一个地方。

这位妈妈还非常细心，不用冰冷的手触碰，以免惊吓到她的宝宝，更不会在穿着围兜时抱她，避免让她感到不舒服。

这位妈妈并不会让自己的私人经验和情绪来影响小宝宝。有时候，小宝宝一直哭闹并尖叫，那哭叫声让她觉得有些不舒服。但是，她还是同样小心翼翼地将小宝宝抱起来，没有一点儿报复的想法（就算有也不多）。她小心避免让自己的一时冲动伤害小宝宝。实际上，育儿就跟做医生一样，都是看被托付的这个人是否可靠。

这一天可能又是诸事不顺的一天：清单还没准备好，洗衣店的取货员就上门了；前门的门铃正响着，后门又有人在敲……尽管妈妈情绪烦躁，但她会等到自己恢复镇定，才用同样温柔的动作去抱小宝宝。这个动作正是小宝宝辨认妈妈的很重要的方法。妈妈的动作极具个人风格，孩子会寻找并认出这一点，就像孩子认得妈妈的嘴唇、眼睛和气味一样。妈妈总是会先处理自己的情绪，不管是焦虑还是兴奋，她只把属于宝宝的那部分情绪留给他。妈妈这么做为小婴儿打下了一个良好的基础，让他能够理解两个人之间错综复杂的关系。

妈妈调整自己去配合小宝宝简单的理解能力，并主动去配合小宝宝，是小婴儿情感成长的前提。特别是刚开始，小宝宝只能理解最单纯的环境，从这个时候起妈妈就需要调整自己去配合宝宝的需求了。

我必须强调一点，也就是妈妈如此不厌其烦，且远比我的简短描述还要大费周章地去做的原因。可能有些人真心相信甚至还告诉别人，在小婴儿出生后的前六个月里，妈妈根本不重要，因为（他们认为）前六个月只有育婴技能才能帮助小宝宝，不管是在医院还是在家里，有育婴技能的人总好过什么都不会的新手妈妈。

但我始终确信，为母之道虽然可以学习，甚至能从书籍中学到，但是带自己的小孩却是个人的事，这是别人不能取代也做不好的工作。科学家在研究这个问题而没有找到证据之前并不相信这件事，但妈妈们从一开始就能凭自己的感觉相信孩子需要她们。我还要补充一下，我的这个观点并不是从妈妈那里听来的，也不是我的猜测，或者是我的个人直觉，而是我在经过了长时间的研究之后慎而又慎所下的结论。

妈妈的不厌其烦是因为她认为（我研究后发现她的这种感觉是对的），想要小宝宝发展得好，从一开始就需要有妈妈参与其中。而且最好是生母本人，因为只有她才有足够深刻的动机和兴趣去体会小宝宝的感受，并且喜欢让自己成为小宝宝的全部世界。

我们不能确定，几周大的小婴儿能否像六个月大或一岁大的孩子那样轻而易举地认识妈妈。在最开始的几天，他感受到的只有妈妈照顾他的模式和技巧，还有她乳头的细节、耳朵的形状、笑容的模样、呼吸的温暖和特有的气息。小婴儿应该是在非常早的某个特殊时刻，就对妈妈的完整性有了初步的概念。但是，除了能感受到的部分之外，小婴儿还需要妈妈长期的陪伴，因为只有完整而成熟的人才能拥有这项工作所需要的爱和特质。

我曾说过："没有所谓的小宝宝这回事。"我这么说的意思是，当你试图描述小宝宝时，你会发现，自己所描述的是小宝宝和某个人。小宝宝是不能单独存在的，他是一份关系中不可或缺的部分。我们还必须考虑小宝宝的妈妈。如果她和自己小宝宝的关系断裂了，那么她会失去某种东西，且永远不能重新获得。这说明我们是如此不了解妈妈的角色，以至于认为把她的小宝宝抱走几个星期再还回来，她就能从断掉的地方重新接续母子关系。

小宝宝需要怎样的妈妈？

我们来看看我认为的小宝宝需要的妈妈所符合的三个条件。

首先，我必须说的是，小宝宝需要的妈妈是个活生生的人。小宝宝必须能感受到她的肌肤和呼吸的温度，能看到她的人，这一点非常重要。也就是说，孩子需要接触得到妈妈活生生的身体。如果没有妈妈活生生的存在，那么即便是最有学问的为母之道也是纸上谈兵。医生的存在也是这个道理。在小村庄工作的医生，最主要的价值就是他是活的，村民需要他的时候，随时都能找到人。村民们知道他的汽车牌照号码，认识他戴帽子的背影。成为一个医生需要经过好几年的学习，这个学习也许需要耗尽他爸爸的积蓄。到头来他却发现，真正重要的不是医生的学问和技巧，而是村民知道并感觉得到他是个活生生的人，能随时找到他。这个医生的生理存在契合了村民情感上的需求。妈妈的存在也是这样，甚至比医生的存在更重要。

于是，心理和生理的照顾，在这里变得同样重要，甚至融为一体了。在“二战”期间，我和一群人在一起讨论被战火蹂躏的欧洲儿童，以及他们的未来。这群人询问我的意见，问我战后最需要为这些儿童做的心理工作是什么。我告诉他们：“给他们食物。”有人又问我：“我们不是指生理上，我们说的是心理上的。”我说这就是心理上的。我认为在适当的时机供应食物，不仅是在照顾生理需求，更是在照顾心理的需求。简单说就是，“爱”必须用生理形式来表达。

当然，如果生理照顾是指给小宝宝注射疫苗，那这就跟心理学没有直接关系，除非天花在社区中蔓延开来，否则小宝宝就不能理解你的关心。但就算是这样，医生这一针打下去仍然会让小婴儿痛得号啕大哭。如果生理的照顾是指在适当的时机提供适当的食物（小宝宝认为是适当的），那这些行为也就是对心理上需求的照顾。这是非常有用的原则，能满足心理和情感需求的照顾，就是小宝宝喜欢的照顾，虽然它表面看上去好像只跟生理需求有关。

从上面讲的第一种条件来看，妈妈的存在及陪伴与生理上的照顾，为孩子提供了不可或缺的心理与情感环境，这对小宝宝的早期情感成长来说，是非常必要的。

其次，妈妈需要将这个世界一步步介绍给小宝宝。育儿的过程其实就是，育儿工作者通过育儿技巧，向小宝宝慢慢引介外在的现实、周围的世界，这项工作并不容易。而对于我们每个人来说，认识世界是一辈子都要不断进行的事，刚开始的时候非常需要别人的帮助。我会解释一下，因为大部分妈妈从来不曾站在这样的角度来思考婴儿的喂养，医生和护士当然也很少思考喂养行为这个层面。

假设有个宝宝，他还不曾吃过奶，当饥饿感出现的时候，他开始想象那些能满足他需求的东西。出于需求，小宝宝已经准备创造一个满足的来源，但因为这之前完全没有经验，他不知道有什么可期待的。这个时候，如果妈妈把乳房凑到宝宝期待的地方，又有足够多的时间让他用嘴和手，甚至用嗅觉好好感觉，小宝宝就会在想象中“创造”出他找得到的东西。最后，小宝宝会产生幻觉，以为真正的乳房是通过需求、贪婪和初次发动的原始的爱所创造出来的。所以，他会把视觉、气味和滋味牢记在心，再过一段日子，小宝宝也许会创造出某个像妈妈所能提供的乳房。这之后，在断奶前的这一千多次的哺乳机会中，小宝宝也许会让这个女人（即妈妈），通过这种特殊方式，对外在现实做各种介绍。在这一千多次哺乳机会里，小宝宝有一种感觉会一直持续下去，那就是：想要的就会被创造出来，而且找得到。所以，小宝宝会发展出一个信念，认为这个世界能提供给他想要的、需要的一切，他会预感到在他的内在现实和外在现实之间、在他原始的创造力和这个大千世界之间，有个明显存在的联结。

所以，成功哺乳是婴儿教养绝对必要的一个环节。同样，小婴儿也需要妈妈好好地接受他的发泄（这里暂时不讨论这个话题），因为他需要妈妈接纳他用发泄的方式所表达出的关系。

这份关系早在小婴儿能做出有意识的行为之前，和他（或许在三四个月或六个月时）因为贪婪的攻击而内疚及想要开始回报妈妈之前，就已经在进行了。

另外，小婴儿需要妈妈而不是一群优秀照顾者的第三种条件是一项妈妈的工作，我将其称为幻灭／觉醒任务。当妈妈给了小宝宝一种幻觉，以为这个世界能从需求中被创造出来（从我们现在认为的科学角度来说，这当然是不可能的，我们把这个课题留给哲学家去研究就行了），并且对人、事、物建立了我所说的某种能作为健康发展基础的信念之后，她就必须再带领孩子经过幻灭／觉醒的过程，也就是我们广义上指的断奶。大人所能提供的最好帮助就是，让孩子感受到，在他承受得起全部幻灭，以及他的创造力能通过成熟的技巧发展成社会所接受的价值之前，大人都会尽一切能力让孩子承受得起现实的打击。我认为“囚房的阴影”①，应该就是诗人在描述幻灭过程及其认为的绝对必要的痛苦。妈妈会逐步让孩子接受这样的现实：这个

① “囚房的阴影”(Shades of the prison-house)，是18世纪英国诗人威廉·华兹华斯（William Wordsworth，1770-1850）的诗句中出现的词。该词出自 *Intimations of Immortality From Recollections of Early Childhood* 一诗：“Heaven lies about us in our infancy!Shades of the prison-house begin to close upon the growing boy.”意思是：人生就像囚房，襁褓时期还在天堂的怀抱，长大后就慢慢走进了囚房的阴影。——译者注

世界虽然可能为他提供某种因他的需要和渴望而创造出来的东西，但这个外部世界不会自动做到，也不会在孩子心情激昂或愿望兴起的时刻马上就实现。

你注意到了吗？我在逐渐从需求概念转换到愿望或渴望上。这个转变对应了孩子的成长，以及他对外在现实的接纳，同时还伴随着本能冲动的逐渐减弱。

为了孩子，妈妈会暂时将自己放在一旁。刚开始，妈妈让自己触手可及，就像把自己放在孩子的口袋里。最后，等到小孩能离开襁褓时期的依赖时，妈妈就必须调整了，好让孩子接受两个并存的观点：妈妈的想法，小孩的想法。但是，除非妈妈先成为孩子的世界，要不然她是做不到强迫孩子离开自己（断奶、幻灭的过程）的。

我并不是说，如果小宝宝在乳房哺乳经验上失败了，他的一生就毁了。用奶瓶吃奶，他一样能够长得健壮，只要妈妈有丰富的育儿技巧就可以。不能否认的是，没有母乳可喂的妈妈，几乎能在奶瓶喂奶的过程中，做到所有她需要做的事来满足宝宝的需求，只要她坚持一个原则：小宝宝的情感发展，一开始只能好好地建立在他跟一个人的关系上。而这个理想人选就是妈妈，毕竟没有人比她更能感觉到孩子的需求，并且愿意去尽力满足他！

宝宝与生俱来的品德

我们不得不面对这个问题：究竟父母应该对成长中的孩子灌输多少自己的价值标准和道德信仰呢？说得简单一些就是，我们关注的是所谓“训练”这件事。而“训练”这个词，让我想谈谈下面这件事情，那就是怎样让你的孩子变得既乖巧又爱干净，还听话、懂规矩、友善合群、有道德感等。我本来还想说快乐，但快乐并不是父母教出来的。

很多人一提到“训练”，想到的就是训狗。狗的确需要人的训练。我认为我们能从狗身上看出点儿东西，那就是主人如果拿定主意，狗就会比较开心。孩子也一样，他们喜欢你凡事都有主见。但是，狗并不需要长大成人，所以谈到培养孩子时，我们必须另辟蹊径，最好不用“训练”这个字眼，看能够走多远。

有人认为，只要育儿的环境还算可以，小婴儿和幼儿自然会知道是非善恶。这样的想法没有错，然而宝宝从本能冲动和自以为能够控制万事万物，进展到乖巧懂事，这整个发展过程是非常错综复杂的。我不能告诉你复杂的原因，只能说这个过程需要时间。只有当你认为这个过程是值得的，你才可能给它机会，让该发生的事情发生。

接下来我要说的还是小婴儿。如果要从小婴儿的角度来描述生命最初几个月到底是怎么回事，这太困难了。为了让事情变得简单一些，我们可以先来看看这个画了他人生中第五张或第六张图画的小男孩。

首先，我假设他知道这到底是怎么回事，即便他并不是真的知道。在画图时，他会怎么做呢？他有涂鸦和搞得一团糟的冲动及本事，但那还算不上是一幅画。他得既留下这些原本的乐趣，又画出自己的想法，还要用别人能看懂的方式来表达。如果他完成了一幅画，那说明他已经找到能让自己满意的一套控制技巧。他会先找一张喜欢的图画纸，尺寸和形状都要符合他的心意，然后他开始运用曾练习过的某些技巧，比如他知道图画上需要平衡（例如房子的两边都要有树）。这是在表达他理解的及需要的公平，这一点可能是他从父母那里学来的。有趣的点必须平衡，光影和色彩的运用也是这样。这幅画的趣味必须遍布整张图画纸，还得设立一个中心主题把所有的东西都串起来。他试图在这个自我设定的、能被别人接受的系统中表达一个想法，并且保持这个想法刚诞生时候的新鲜感。当我描述这一切时，难到我快要喘不过气来，但你的孩子轻轻松松就做到了，只要你给他这个机会。

当然，这个小男孩还不知道这到底是怎么回事，所以说不出这样的道理。至于小婴儿，就更不知道自己心里到底发生了什么事。

小宝宝的心理活动跟这个小男孩画图时很像，只不过一开始小宝宝所表达的意思更模糊难懂。

这些图画并不是真的涂了颜色，甚至还称不上是一幅画。但这是他对这个社会的小小贡献，只有小宝宝的妈妈才懂得欣赏。小宝宝的一个微笑、一个笨拙的手势、一个吸吮的声音，就足以让妈妈明白他准备吃奶了。或者即便是一个微弱的呜咽声，都能让敏感的妈妈知道，只要她反应够快就来得及带宝宝去坐小马桶，否则她就得处理肮脏的排泄物。这是孩子合作与群居感的开始，值得妈妈大费周章。我知道大部分孩子在会走路、不再穿尿布以后，还会尿床好几年。他们尿床是因为在夜里重回了婴儿期，想要重新经历一遍过去，他们想要发现并纠正以前错过的事。在这个场景里，错过的人实际上是妈妈，是她对宝宝的兴奋或烦恼信号的注意力不够敏锐，而宝宝的这些信号本可以让她把不做就糟蹋了的事给做好，毕竟除了她以外，没有别人在场。

小宝宝需要把生理经验和亲子关系联结在一起，同样他也需要用这份亲子关系来化解自己的恐惧。这些恐惧的性质是原始的，它们的基础是小婴儿对残酷报复的预期。小婴儿感到兴奋，脑中就产生了攻击或毁灭的冲动和念头，表现出来就是尖叫或想咬东西的行为。他一这么想，这个世界马上就遍布了咬人的嘴巴，或是充满敌意的牙齿、爪子及各种威胁。在这种情况下，如果不是妈妈的保护，她把小婴儿早期生存经验的巨大恐惧隐藏了起来，小宝宝的世界恐怕就会变成非常吓人的地方。妈妈（我当然没有遗忘爸爸）只要作为一个人出现，就可以改变小婴儿的恐惧性质，让小婴儿慢慢知道妈妈和其他人是人类。所以，小婴儿有个非常体贴的妈妈，他的各种冲动就会被回应。即便小婴儿惹她伤心或生气了，她也不会报复，不会变成小婴儿想象中那个吓人世界里的人物。

当我用这样的方式来说明的时候，你应该马上就能明白，妈妈的这个报复力量是否变得人性化，对小婴儿来说结果千差万别，因为妈妈会明白真正的毁灭以及意图摧毁之间的差别。她被小宝宝咬的时候虽然会叫出声，但是她不会真的迁怒于小宝宝。事实上，她甚至认为这是小宝宝的恭维，是小宝宝表达兴奋的爱的方式。当然，她并不会因此就被吃掉。妈妈叫一声只是说明，她觉得有点儿疼。有的时候小宝宝确实会咬痛妈妈乳房，尤其是在刚长牙齿的时候。好在妈妈还好端端地活着，小宝宝也有机会因妈妈的存活而感到心安。在宝宝长牙的这段时期，你会拿硬的、有存在感的东西给他玩，比如嘎嘎响的玩具，或是磨牙玩具，因为你知道让小宝宝安心地咬个够，对他来说是极大的安慰。

责任感的培养过程

在生命早期的环境里，对于那些“能回应他的需求”或“好”的人、事、物，小婴儿会把它们储存在自己的经验库里，然后一点点累积成他的自我。一开始，这种累积和小婴儿的健康功能是分不开的。但是，当小婴儿能察觉到“这个环境实在太不可靠”的时候，“好”经验的储存就变成了和意识无关的动作。

给小孩引介整洁概念和道德标准（后面还有宗教和政治信仰）的方法有两种，第一种是由父母把这种标准和信仰灌输给婴幼儿，强迫他们接受，但并不要求将它们和孩子发展中的人格整合在一起。实际情况中，有一些孩子的发展非常不理想，所以对这些孩子来说，就只有这种介绍方法。

第二种方法是允许并鼓励小婴儿的天性朝道德方向发展。因为妈妈的敏感（这是因为母爱），小婴儿的道德感的根源才能够保存下来。我们已经看到，小婴儿非常痛恨浪费经验，如果等待能增进人际关系的温暖，他宁愿选择等待，宁愿忍受原始愉悦的挫折。我们也看到妈妈是怎样用慈爱来回应小婴儿的行动和暴力感觉。在整合的过程中，攻击和摧毁的冲动及给予和分享的冲动是相关的，且会各自抵消对方的影响。但要注意的是，哄骗的训练不能利用孩子的整合过程。

现在我在这里所描述的，是孩子逐渐培养出责任感（它的基础是罪恶感）的过程。这个过程中，妈妈或妈妈角色必须一直存在，孩子才能有办法适应自己性格中的毁灭部分。这个毁灭性还会越来越呈现客体关系经验的特色。我这里所说的发展阶段，大概会从六个月大一直到两岁左右。过了这个阶段，孩子就能完美地融合“毁灭这个客体的同时又爱着这个客体”的念头。这个时期里，宝宝非常需要妈妈，这是因为她的幸存价值。她既是环境妈妈，也是客体妈妈，是宝宝兴奋时所爱着的客体。他会慢慢整合妈妈的这两个不同层面，让自己逐渐变得有能力去爱妈妈，也有能力温柔、亲切地对待妈妈。但这个过程会让他产生一种特别的焦虑，即罪恶感。但是，小婴儿渐渐变得能忍受他在本能经验的毁灭成分里所感到的焦虑（罪恶感），因为他知道以后还有机会补偿和修复。

这里所隐含的平衡，比父母灌输给孩子的任何道德标准，都有着更深刻的对错感。但这一切的产生，全部要靠母爱所提供的稳定可靠的环境。如果妈妈因为生病，或有事，或不舒服，或有心事，而必须离开小婴儿，小婴儿就会对可靠的环境失去信心，产生罪恶感的能力也随之消失。

我们也能这么想：孩子在发展一个内心的好妈妈，他感到在人际关系中获得的任何体验，都是让他快乐的成就。当这种情况发生的时候，妈妈就不需要那么紧张和敏感了。同时，她也能开始加强和充实孩子正在发展中的道德感。

这个时候，文明已经再一次在一个新的人的内心展开了，父母要做的就是提前为孩子准备好某些道德规范，不久之后他就会开始主动追寻这些价值了。这些道德规范的作用之一是教化孩子避免有害的偏激品行，因为孩子十分痛恨为了顺从父母就必须牺牲自我的生活方式。教化偏激的品行肯定是值得肯定的，但父母千万不要完全扼杀这份偏激的品行。如果父母太注重安宁和平静，也许就会造成另一种结果：孩子的顺从会获得大人的奖赏，所以他会极力地做到顺从父母，而大人也会自然而然地把“乖巧顺从”误认为“成长懂事”。

宝宝的本能与正常困难

提到疾病，我认为很多演讲和书籍都很容易误导家长。孩子生病的时候，妈妈需要的是一个能为宝宝做检查，且能耐心跟她谈谈的医生。然而，健康儿童会遇到的常见麻烦又是另外一回事。你不能指望健康的孩子会一直顺顺利利，不会遇到一件让人忧心焦虑的事情。这是我必须指出一点，我认为这对妈妈们是非常有帮助的。

健康的孩子当然也会出现各种各样的症状。

究竟是什么原因给孩子在婴儿期和幼年初期造成了这些麻烦？如果你能非常娴熟且一如既往地照顾孩子，那么我能说这个社会的新成员已经完美地打好了健康的基础。那么，又是什么原因让小孩不断出现问题呢？我认为这主要和婴儿的本能有关。

现在，你的孩子也许正躺在那里安静地睡觉，或是抱着洋娃娃，或是在玩耍，这是你希望看到的样子。但你非常清楚，孩子健康的时候，总是每隔一会儿就又兴奋起来。当然，你能这样解释，说孩子饿了，身体有需求、有本能；也能换另一个角度来看，这个孩子开始有兴奋的念头了。在孩子的发展过程中，这些兴奋的经验有着特别重要的作用，既促进成长，又让成长变得复杂。

在兴奋期里，孩子会产生强迫性的需求，大多数时候你都能满足它。但是，在某些时刻，有些需求太大，大到你也不能完全满足。

有些需求，比如饥饿，大家已经非常了解了，也就能更容易引起你的注意，而孩子其他类型的兴奋还没有得到广泛的理解。

实际上，身体的任何部位在某个时刻都有可能兴奋起来。就拿皮肤来说，你一定看到过小孩子抓脸或者身上其他部位，这是因为皮肤本身兴奋了，导致出了某种疹子。在一些特殊时刻，某些部位的皮肤比其他部位更容易发生过敏现象。你可以看看孩子的全身，想出让各个部位变得兴奋的各种方法，当然，不要遗漏性器官。这些兴奋的体验对小婴儿来说十分重要，它们绝对是婴儿期里孩子清醒时的重头戏。兴奋的念头会伴随着身体的兴奋而在头脑中升起。这些念头不但和愉悦有关，也和爱有关，如果宝宝发育得顺利就会有这样的结果。小婴儿会逐渐获得爱别人的能力，也会逐渐感觉到自己是被当作人来关爱的。小宝宝和父母、和周围的人有着很强烈的情感联结，而宝宝的兴奋就是和这份爱有关。这反映在小婴儿的身体上，就是以某些兴奋方式定期让他敏锐地感受到爱。

原始的爱所引发的冲动下产生的念头具有毁灭性，和愤怒也有着密切的关系。如果这项活动造成了本能的满足，小宝宝反倒会感到非常舒服。

这期间，你会非常容易看到小宝宝避免不了地产生了非常大的挫折感，让他感到生气，甚至暴怒，但这是健康的。有时候你看到小宝宝暴怒，并不会去猜测他是不是生病了。这种愤怒对宝宝来说是有益的，他会从中学习区分愤怒和悲伤、恐惧和痛苦。发怒的时候，小婴儿的心跳非常快，如果你曾仔细听过，一分钟甚至能数到 220 下。愤怒说明这个孩子发展到了一定程度，他已经能够感觉到那些让他抓狂发怒的人和事了。

小孩只要感受到高昂的情绪，就要冒一些风险。这些兴奋和愤怒的经验经常让孩子感觉十分痛苦，所以你会发现这个非常正常的孩子，开始自己想办法去避免最强烈的感觉。他的办法之一就是压抑本能。例如，小婴儿会控制住不让进食的兴奋达到顶点。他的另外一个办法则是接受某种食物，但不接受其他种类的食物；或是可以让别人喂他吃饭，就是不让妈妈喂。如果你认识的小孩非常多，就能从他们身上找到各种变化。这不一定就是一种病。我们发现，孩子会运用各种技巧完美地处理他不能忍受的感觉，他们必须回避某些油然而生的感觉，因为这些感觉太强烈了，或是因为这个经验会给他带来痛苦的冲突。

不好好吃饭的现象在正常孩子身上非常常见，妈妈必须失望地忍耐好几个月，甚至好几年。在这期间，孩子浪费了妈妈准备食物的努力和心血。因为孩子也许只吃他吃惯了的东西，拒绝任何特别准备的或精致的食物。有的时候，妈妈必须允许孩子拒绝所有食物好一阵子，她知道如果在这种情况下勉强孩子，只会遭遇孩子更强烈的抗拒。如果她们耐心等待，过一段日子，孩子自然就会再开始吃东西。你大概能想象出，在这期间，没有经验的妈妈不但会忧心忡忡，还需要医生和护士来向她保证，她并没有疏忽或伤害自己的孩子。

每隔一段时间，小婴儿就会发展出各种秘密仪式（不单单是喂食方面的）。对他们来说，这些秘密仪式是自然的，且非常重要。其中，排泄过程让他们非常兴奋。等成长到适当的时机，身体的性器官更会让他们兴奋。然而，我们虽然能非常容易地看见小男婴身体的勃起，却极少知道小女婴是如何感受性的。

宝宝有自己的价值观

或许，你早就注意到了，小宝宝一开始所认为的“好”和“肮脏”，和你认为的不太一样。

在兴奋而愉快的排泄之后，排出来的东西会被小宝宝看作好东西，甚至是能吃的好东西，或能用来涂抹婴儿床和墙壁。这听上去有些恶心，但这是小宝宝自然发展的过程，你并不会太介意，会耐心且满足地等待他们自然地转向更文明的兴趣。在以后的某一天，他们会对排泄物感到厌恶，这个转变甚至很突然。一个爱吃肥皂和喝洗澡水的小孩，突然变得非常爱干净了，不吃任何看上去像大便的食物，不过就在几天前，他还拿着这类东西塞进嘴巴里。

有的时候，我们会发现年纪较大的儿童行为上退回到婴儿状态，这是因为某个难题阻碍了他的成长道路。孩子退回到婴儿期的状态，是想重建他在婴儿时所拥有的权利和自然发展的法则。

妈妈会亲眼看着这些事情发生。身为妈妈，她们也在里面扮演了一个角色。她们宁愿让事情稳定而自然地发展，也不会强迫孩子接受自己的是非观念。

父母灌输给小婴儿是非观念会产生的麻烦就是，婴儿的本能会随之而起，结果又破坏了这一切。兴奋的经验让小宝宝用乖巧听话赢得爱的努力前功尽弃。最后，小宝宝只会对本能的运作感到生气，而不是觉得自己更有力量。

正常的孩子不会过度压抑强烈的本能感觉，这就容易使得自己骚动不安。这些表现在无知的观察者看来非常像疾病的症状。我曾经提过愤怒，比如没缘由地乱发脾气和顽抗到底，这在两三岁孩子的身上很常见。另外，小孩经常做噩梦，午夜的尖叫甚至会让邻居怀疑你到底在干什么，其实只不过是小孩做了一个跟性有关的梦。

不一定是生病导致幼儿怕狗、怕医生和怕黑，或是对声音、阴影及晨昏时刻模糊的形状充满奇奇怪怪的想象力；不一定是生病让他们感到腹痛，或是在对某件事感到兴奋的时候，整个人发青发紫；不是生病导致他们有一两个星期不理会原本喜爱的爸爸，或者拒绝跟某个阿姨打招呼；不是生病导致的他们想要把新妹妹丢进垃圾箱，或是为了避免痛恨新生的小婴儿才残忍地把气出在小猫咪身上。

你一定见过干净的小孩是怎么把自己变得脏兮兮的，或干爽的小孩是怎么把自己变得湿答答的，也非常清楚对二至五岁的孩子来说，几乎什么事都可能发生。你当然能把这一切都归为本能的作用和本能的美妙感觉，及小孩的想象力所造成的痛苦冲突（所有发生在身体上的事都和意念有关系）。

现在，我要对这个关键的年龄段做一些补充。这个时期本能已经不再仅限于婴儿期的表现方式；如果还局限于襁褓期的用语，比如“贪婪”和“肮脏”，就不能讲清楚这期间成长中所有的遭遇。当一个健康的三岁孩子说“我爱你”的时候，这句话的意义就像男女间的情爱或恋爱一样。这里面甚至有性含义的普通意思，也就是包括身体的性器官，及青少年或成年人恋爱时的意念。巨大的成长力量隐隐地运作着。而你要做的就是把家庭照顾好，做好心理准备，迎接那些可能发生的事情。过一段时间之后，你就能大松一口气。等到孩子五六岁的时候，成长的动荡会逐渐安定下来。在孩子青春期来临之前，你能轻松地过几年好日子。在这段时期，你可以把部分责任和工作交给学校及训练有素的老师。

婴儿和周围人的关系

小婴儿的情感发展从一出生就开始了。如果我们要研究一个人是怎么和其他人互动，及他的人格和人生形成的过程，就必须考虑在他生命的最初几年、几个月，甚至几天，所发生过的事情。在处理成人的问题时，比如婚姻，需要面对的更多是一个人后来的发展。但当研究个人问题的时候，我们既要看他的过去，也要看他的现在，既要看他婴儿的部分，也要看他成人的部分。那些被称为“性”的情感和想法，在我们非常小的时候就出现了，远比老一辈所认为的时间还要早，甚至是在生命一开始就出现了。

我们现在来看看，健全的孩子在玩过家家游戏时，里面的爸爸和妈妈发生了什么事。一方面，我们非常确定，性是会进入游戏的，虽然往往不是直接呈现，但我们确实能在游戏中发现成年人性行为的很多象征，但现在我关心的并不是这一点。从我们的观点来看，更重要的是这些孩子在游戏中享受他们认同父母的能力，他们明显是经过多次观察才做到这些。我们在游戏中看到他们组建了一个家庭，料理了家务，还共同担负起照顾孩子的责任，甚至维持了一个体制，让游戏里的小宝宝发现自己的自发性[①]（因为如果完全任由小孩自由发挥，他们也许会被自己的冲动吓到）。我们当然明白这是健康的。如果孩子能这样一起玩耍，那父母以后就不用教导他们怎么建立家庭了，因为他们已经知道了这其中的方法。也就是说，如果人们小时候从来不曾玩过过家家的游戏，大概不可能自己建立起家庭。

我们虽然非常高兴看到孩子有能力享受游戏的乐趣，因为这说明他们有能力认同这个家和父母，认同成熟的外表和责任感，但我们并不希望孩子整天只玩这些。是的，如果他们只玩这些，父母就需要格外注意了。我们想要的是在下午玩这个游戏的小孩，到了下午茶时间变成一个贪吃的小孩，到了睡觉时间又变成一个做着酣梦的小孩，第二天早上变成一个调皮不听话的小孩……总之，他们仍然是孩子。值得庆幸的是，他们真正的家

---

① 原文中为 Spontaneity，有随性、自发性、偶发性等意思，表示人在很自在的状态下表现出的某些行为。——译者注

一直存在。在真正的家里，他们能继续发现自己的自发性和个性，能随性地放任自己，就好像在讲故事一样，越说越起劲儿，连自己都没料到这些精彩的点子究竟是从哪里蹦出来的。在真实的人生里，他们会拥有自己的真实父母；在游戏里，他们会轮流扮演父母。我们欢迎这种过家家的游戏，也乐见其他扮演老师和学生，医生、护士和病人，司机和乘客的游戏出现。

等孩子成长到玩游戏的阶段，我们就会明白，他们已经经历了很多复杂的发展过程，而这些过程从来不曾真正完成。如果小孩需要的是能认同的平凡温馨家庭，那么在他发育的时候，他们也非常需要稳定的家庭和可靠的情感环境，这样他才有机会踏着自己的节奏，在这个家里稳定而自然地进步。我想强调的是，父母并不需要知道孩子心里想的所有事情，就像父母并不需要知道所有的解剖学和生理学知识就能给孩子身体上的健康。父母必须有足够的想象力，能够理解父母的爱不仅来自本能，也要知道父母的爱是小孩需要他们的原因之一。

为宝宝的心理打下健康基础

如果一位妈妈，即便是出于好意，相信小婴儿刚开始只是生理学、解剖学和条件反射的结合，那么她是绝不可能照顾好小婴儿的。即便小宝宝被喂得非常好，生理健康和成长上也没有任何问题，但是除非妈妈能把新生儿看成一个有思想情感的人，否则小宝宝就会错过打下健全心理基础的机会，在他以后的人生当中，也不能获得丰富、稳定的人格来适应这个世界，成为世界的一分子。

问题是，有些妈妈害怕承担这重大的责任，一头钻到教科书、法则及规定里去了。事实上，只有用心付出才能照顾好小婴儿。也就是说，只有头脑是远远不够的，要投入情感才能做好这件事。

提供食物虽然只是妈妈让小婴儿认识她的一种方法，却是非常重要的。我在前面说过，孩子如果从生命最早的时候就能得到妈妈精心的喂养和无微不至的照顾，那就已经超越任何能解答这个哲学难题的答案了："那东西真的存在吗？还是你的想象？"不管这个东西是真的还是想象出来的，对他来说都不重要了，因为他有一个愿意为他提供幻觉的妈妈。她长期不停地供应，为孩子拉近想象和真实之间的距离，而且是近到不能再近。

就这样，孩子大概九个月大的时候，就能和自己以外的事物建立良好的关系。也就是和妈妈建立良好的关系，而这种关系经得起所有挫折和复杂纠葛，即便是分离。再来看看那个被机械式和无感觉喂养的孩子，因为没有人会主动配合他的需求，他的处境非常不好。如果说这样的小宝宝还能想象出一个慈爱的妈妈，那么这个想象中的妈妈最多也只是个理想人物，她无法出现在现实中。

我们很容易就能找到这样的妈妈，她们没有活在小婴儿的世界里，而是小婴儿活在妈妈的世界里。在肤浅的观察者看来，这样的孩子也许能有很好的进展。等到了青春期，甚至更晚一些的时候，这种孩子才会对妈妈做出适当的抗议，那个时候他要么处于崩溃状态，要么心理健康出现问题。

相反，主动地配合小宝宝的妈妈，她的小宝宝会拥有和外部世界打交道的基础，因为妈妈会让宝宝和世界有非常丰富的关系。当孩子成长到一定阶段时，这样的良好关系就能不断发展，并开花结果。小宝宝和妈妈在这份最初的关系中的重点是其中所隐含的强而有力的本能驱力。在本能需求里，从本能中幸存下来的经验告诉了小宝宝，本能的经验和兴奋的想法是被允许的，这不一定会摧毁安静状态的关系、友谊和分享。

但我们也不能因此就说，所有受到慈母精心喂养和照顾的小宝宝，一定会发展出绝对健康的心理状态。早期经验就算足够美好，从经验里所收获的一切也必须经过时间的缓慢沉淀，才能成就以后健全的发展。我们不能妄加定论，认为所有在养育机构里长大的小宝宝，或是被一个没有想象力、极度不相信自己判断力的妈妈培养的小宝宝，就注定要进精神病院或少管所。事实上，养育孩子这件事错综复杂，影响孩子成长的因素很多。我只是为了在这里能说得清楚一点儿，才故意把问题简化了。

我们根据大量案例总结得出：在良好、令人满意的环境下出生的健康孩子，即他处在妈妈从一开始就把他当作一个人来对待的环境里成长，最后他不仅乖巧善良，而且很听话。正常的孩子从生命的一开始，就有了自己的思想。健康的小宝宝往往都有非常麻烦的喂养难题，在排泄问题上他们也许表现得更加顽抗任性。他们还经常抗议和激烈地尖叫，甚至会用小脚踢妈妈、扯她的头发，或是试图把她的眼球抠出来。的确，他们是讨人嫌的小鬼。但这样的他们呈现的都是自然而真诚的情感冲动，时不时地这里拥抱一下，那里慷慨一下。这种孩子的妈妈在经历了这些事情之后，会得到孩子的情感补偿。

好像教科书上特别喜欢乖巧、听话、干净的小孩，把孩子的这些品质夸上了天，但实际上只有当小孩随着时间成长，且开始认同家庭生活里父母的能力时，这些品德才会自然发展出来，并具有价值。这和孩子艺术行径的自然进展很相似。

最近，舆论经常谈到一种“适应不良”的小孩。孩子之所以会这样，其实是因为这个世界在他生命之初和早期阶段里没有给他无微不至的配合。小婴儿如果太乖巧听话，往往并不是一件好事。因为这说明父母为了图一时的方便，付出了高昂的代价，而这个代价将会再一次地付出。如果父母受得了，他们就来付；如果他们受不了，就得由社会来承担。

不可或缺的自然发展经验

在这里，我还想说一个准妈妈非常关心的问题，它是母子关系开端里很常见的一个难题。在孩子出生后的前几天里，医生是非常重要的人，他不但要对一切负责，也是妈妈信赖的人。在这几天里，没有什么事比让妈妈好好认识医生及护士更重要的了。但遗憾的是，在生理健康和疾病及接生方面有丰富经验的医生，他们很少细心去了解小宝宝与妈妈之间的情感联结。医生要学的专业知识太多了，我们当然不能指望他既是生理专家，又去研究最新的妈妈与宝宝心理学。即使是再优秀的医生或护士，也有可能在无意间干扰妈妈和小宝宝之间最初的微妙接触。

妈妈确实需要医生、护士以及他们高超的医术，医生、护士及医院提供的良好医疗环境足以让一位妈妈把生理上的痛苦和烦恼抛诸脑后。但在这个环境里，妈妈有一个最基本的需求，那就是能找到小婴儿，也要让小婴儿找得到她。她需要让这一切自然发生，而不必遵守任何一方的任何规则。毕竟在育儿上面，只有妈妈才是专家，医生和护士只要在旁边协助就好了。

但是，现在我们能观察到一个普遍的文化倾向，那就是远离直接接触，远离现实体验，远离所谓的粗俗，即裸露、自然和真实，另外还有远离真实生活的接触和相互交换的倾向。

为小婴儿一生的情感发展打下基础的方法，还有另外一种。我曾提到过，本能的需求一开始就进入了婴儿和妈妈的关系里，而伴随着强烈本能出现的是攻击成分，及从挫折中产生的恨意与愤怒。兴奋的爱的冲动里所蕴含的以及相关的攻击成分，会使生命感觉到威胁，所以大部分人或多或少都有些压抑。那么，现在仔细研究一下这部分的问题，也许会有帮助。

我相信，最原始的也是最初的冲动，感觉上是非常冷酷无情的。如果说在早期的进食冲动中有毁灭的成分，那是因为小婴儿一开始是不顾一切的。我指的是意念，而不只是我们看得到的真正的生理过程。一开始，小婴儿被需求冲昏了头脑，然后才用非常缓慢的速度逐渐领悟，在兴奋的吃奶经验中受到攻击的是妈妈极其脆弱的部分，而妈妈又是在兴奋和狂欢之间的安静时期里非常重要的一个人。在幻想中，兴奋的小婴儿粗暴地攻击妈妈的身体，即便我们实际上看到的攻击是非常轻微的。

这之后，满足随着喂奶的经验被小婴儿感觉到，攻击便暂停了。

幻想丰富了小宝宝的每个生理过程，并随着小宝宝的成长而稳定，但也变得明确而复杂。在小宝宝的幻想中，妈妈的身体会被他撕开，这样他才能取得并吸收到好东西。所以，如果妈妈一直照顾他，并在他的攻击下幸存，最后还成为温柔情感和罪恶感所投注的对象，不久之后，他甚至还关心她，那么这个过程对宝宝而言的确特别重要。因为妈妈持续活在宝宝的生命之中，宝宝才有办法发现天生的罪恶感。这是唯一有价值的罪恶感，也是补偿、重新创造与付出这些强烈欲望的主要来源。从无情的爱到侵略性的攻击，到罪恶感，到关切，到悲伤，再到想要弥补、修复与付出的欲望之间，是一个自然的发展顺序。这个发展过程是婴儿期和童年初期不可或缺的经验。但除非有妈妈或是类似妈妈的人，能和小婴儿一起经历这些阶段，让上面我提到的各种成分整合，要不然这个经验就是空谈。

还有另外一个方法，能描述平凡的好妈妈为小婴儿所做的某些事。正常的好父母一直都在帮助孩子区分真实发生的事和想象中的事，他们自然而然地做着这些事，从未喊难。妈妈帮小婴儿从丰富的幻想中挑出真实，我们应该说她是在保持客观。在攻击这件事上，这一点非常重要。妈妈会先保护自己不被小婴儿咬伤，也会避免让别的两岁大的小孩拿东西藏新生儿的头部，但她同时又从行为还算规矩的孩子身上看出了具有强大毁灭性质及攻击力量的念头，好在她不会被这些念头吓坏。她明白这些念头的存在是必然的。当这些念头逐渐在孩子的游戏和梦中出现的时候，她不仅不会惊讶，还会主动提供和孩子想象中的主题相关的故事和故事书。她不仅不会试图去阻止孩子产生摧毁的念头，还会让孩子天生的罪恶感得到自由发展。我们希望当小婴儿成长发育的时候，天生的罪恶感会自然出现，这是我们期待的，毕竟强行灌输道德观念只会让孩子讨厌。

一旦为人父母，就需要我们有自我牺牲精神。平凡的好妈妈自然知道在这段时期绝不能让任何事情破坏孩子和她的关系。当她自然而然地这么做的时候，她不但是在为自己的孩子奠定心理健康的基础，而且也在孩子的发展中提供了必要且全面的帮助。

Part 2
第二部

Children and families

孩子与家庭

每个孩子都有权利拥有自己的小小地盘，也有权利每天占用你的（还有爸爸的）一点儿时间，这是他应得的，而且在他的小小地盘上，你是在进入他的世界。

爸爸该做什么?

很多妈妈问过我一个问题:“爸爸该做什么?”我觉得大家都非常明白,在正常的情况下,爸爸能否认识、怎样照顾小宝宝,全看妈妈怎么做。爸爸不参与到育儿工作中的理由非常多,其中他们最喜欢说的就是小宝宝醒着的时候他大部分时间都不在家。就算爸爸在家,妈妈也有些不知所措,不知道什么时候应该让丈夫帮忙,什么时候又应该叫他别碍事。在爸爸到家之前,妈妈先把小宝宝安排入睡往往比较简单,因为这就像先洗好衣服再把饭菜煮好一样。如果可以,妈妈也非常希望每天能和丈夫分享一些育儿经验,这能够增进夫妻感情,即使有些细节在外人看来愚蠢可笑,但在当时对父母和小婴儿来说却非常重要。从小婴儿长到蹒跚学步的幼儿,再到大一些的小孩,这个过程中的细节会越来越丰富,而有了这一点一滴的回忆之后,父母的感情也会更加深厚。

有些爸爸刚开始面对小宝宝的时候是非常害羞及手足无措的，甚至还有些人永远都不会对小婴儿产生兴趣。不管是什么样的爸爸，妈妈都应该让丈夫帮点儿小忙，或是当丈夫有空的时候安排他在旁边观看小宝宝洗澡。如果他愿意，甚至可以让他动手做这些。爸爸怎么参与到育儿过程中，全看妈妈怎么安排。

我们不能想当然地认为越早让爸爸加入越好，毕竟每个人都不一样。有些男人甚至认为自己比妻子更适合做妈妈，但这种人可能会非常讨人厌。他们会随时随地参与进来，当半小时耐心十足的“妈妈”，然后又率性地甩手走了，完全忽略了一个事实：当妈妈必须得一天二十四小时、一年三百六十五天待在孩子身边。这种爸爸当然让人讨厌。另外，还有些爸爸也许真的比妻子更适合当妈妈，但是因为客观因素的制约，他们并不能父兼母职，所以必须找个办法解决难题，而不是让妈妈淡出育儿场景。好在大多数妈妈都知道怎样做好一个母亲，她们可以等丈夫想帮忙的时候再让他加入。

回到小婴儿刚出生的时候，我们很容易看出，小婴儿第一个认识的人是妈妈。小婴儿迟早会认出妈妈的某些特质，比如温柔、甜美等。但妈妈还有各种各样的严肃特质，比如很严格、很严厉、一板一眼。小宝宝一旦接受了他不能想吃奶就能吃到的事实之后，就会变得非常感谢妈妈的准时喂奶。我相信小婴儿的心中会逐渐累积某些和妈妈没有绝对关系的特质，而这些特质最后会成为小婴儿对爸爸的感觉。实实在在有个敬爱的强壮爸爸，要比把妈妈立下规矩、掌握决定权、死板又不变通的那些特质全部堆在爸爸身上好得多。

就是说，在男人以爸爸的角色进入孩子的世界时，他同时接收了小婴儿对妈妈某些特别的感情。而爸爸接手也会让妈妈大松一口气。

爸爸角色的重要性

现在，我们来讨论爸爸角色的几种不同价值。我认为最重要的一点是，爸爸需要在家。他在家就能让妈妈感觉身体健康、心情愉悦。孩子对父母之间的关系其实是很敏感的。也可以这么说，如果家庭生活幸福美满，最先察觉的人就是孩子，他会因此活得更轻松、更满足，也更容易养育，他用这种方式来表达他对父母的感激。

父母的性结合提供了坚固的事实，让孩子能够围绕这个事实来建立幻想，这就好像一块孩子能够依靠又能踢一踢的磐石。另外，这个事实也提供了部分自然基础，成为家庭三角关系的最好示例。

第二点是我在前文中提到的：爸爸必须做妈妈的道德支柱，为她的权威撑腰，并成为规则和秩序的代言人，因为规则和秩序是妈妈努力在孩子的生活中培养的重要特质。爸爸想做好这件事，并不需要随时在场，但他必须经常出现，让孩子知道他是真实存在的。孩子的生活大部分都是由妈妈一手打理，如果爸爸不在家，孩子也会期待看到妈妈有能力掌管家庭。当然，女人在言行上展现权威并不难，但要她一个人的肩膀挑起一切，同时扮演严肃的“红脸”和慈爱的“白脸”，那么她的负担就太重了。

最理想的家庭环境是双亲都在，这样一来，其中一个人能尽情展现慈爱，另一个人则可以成为孩子痛恨的对象。这一点是有稳定作用的。有的时候，我们看到孩子对妈妈又踢又打，会忍不住去猜想，如果有丈夫做后盾，小孩很可能想踢却又不敢踢的对象就变成了爸爸。而且，每隔一段时间，孩子就会痛恨某个人，如果没有爸爸在场制止，孩子就会痛恨妈妈，但这又会让他感到困惑不解，因为他最爱的人正是妈妈。

第三点是孩子需要感受到爸爸的正面特质、他和别的男人的不同之处，以及他鲜活的性格。如果爸爸在场，那么在生命的一开始，当孩子对外部世界的印象特别鲜活的时候，就是孩子认识爸爸的最佳时机。当然，我并不是要爸爸们都去强迫孩子接受他们和他们的人格。有的宝宝还在几个月大的时候，就会自己转头寻找爸爸，每当爸爸进到房间，他就会向爸爸伸出小手，并留意他的脚步声。但也有的孩子一开始会对爸爸感到厌烦，时间长了才让爸爸成为他生命中重要的人。有的孩子会主动了解爸爸的为人；有的则把爸爸当成梦里的完美对象，以至于根本不认识爸爸在他人眼中的真实模样。但不管怎样，如果爸爸就在身边，也愿意了解自己的孩子，这个孩子就是幸运的。而且，这个孩子能获得的最大快乐是爸爸会大大充实他的世界。有父母共同承担养育孩子的重大责任，就是一个美满家庭幸福的模样。

爸爸能充实孩子生命的方法太多了，几乎数不胜数。比如，当孩子注视爸爸的时候，至少有一部分是根据自己所看到的或是认为自己看到的来塑造理想的爸爸形象。当爸爸逐渐透露出早出晚归的工作性质的时候，孩子也会感觉到外面有个崭新的世界在等他开启。

在孩子的游戏里，有个“妈妈和爸爸”的游戏，内容是你所熟悉的：爸爸早上出去上班，妈妈在家做家务，照顾小孩。孩子对家务十分熟悉，因为家务总是在孩子的身边发生，而爸爸的工作（不包括他下班后的嗜好）则会拓宽孩子的眼界。工匠的孩子是最快乐的，因为爸爸在家的时候总会让孩子看看他的手艺，教孩子做一些漂亮又实用的东西。有的时候，当爸爸参与到孩子的游戏中一起玩时，总能带进一些能够融入游戏的、珍贵的新素材。另外，爸爸对这个世界的丰富认知，让他很清楚某些玩具或设备对孩子的游戏既有帮助，又不会阻碍孩子的想象力自然发展。当然，也有的爸爸虽然名义上是为儿子买玩具，却自顾自地玩了起来，甚至还因为太珍惜玩具，怕孩子弄坏而不让他玩。这种爸爸就是玩游戏玩过了头。

与爸爸互动是非常有价值的经验

爸爸能为孩子做的最重要的事情就是好好地与孩子一起生活，而且是在孩子幼年时期一直保持这个状态。但是，人们会很容易忘记这个简单而重要的价值。孩子把爸爸偶像化是十分自然的事情，和爸爸生活在一起，认识他的为人，甚至把他找出来，都是非常有价值的经验。

我曾认识一对小兄妹，他们认为自己曾经在战争中有过一段美好的时光。那时候爸爸在陆军部队服役，他们和妈妈住在美丽的花园洋房里过着平静的生活，拥有生活所需的一切，甚至还远超所需。但有的时候他们会不由自主地陷入一种叛逆的情绪，简直要把房子拆了。现在回想起来他们才明白，这些定期的情绪发作是想逼爸爸出现，只是当时他们并不了解。那个时候，妈妈在丈夫的信件支持下，想尽办法帮助孩子度过这段日子。我们能想象出这位妈妈是多么渴望丈夫能回家来陪伴她和孩子，好让她稍微休息一下，由爸爸负责安排孩子上床睡觉。

再来看另外一个极端的例子，是我认识的一个小女孩，她的爸爸在她出生前就去世了。这个悲剧是她心中只有一个理想化的爸爸形象，来充当她认识其他男人的基础。她没有爸爸，所以从来没有过爸爸让她失望的经验，在她的人生中，她总是把男人想象得完美无缺，一开始她只看得到这些男人最好的一面。但不可避免的是，她所认识的每个男人早晚都会暴露缺点，然后她就会陷入绝望，不停地抱怨。结果我们可想而知，这个情感模式毁了她的幸福。如果童年的时候她爸爸和她一起生活，她就能发现，爸爸虽然完美，但也有缺点。爸爸会让她失望，但她痛恨爸爸之后，爸爸还在她身边，那么现在的她肯定会很快乐。

大家都知道父女之情往往尤其重要。实际上，每个小女孩都梦想过取代妈妈的位置，至少她们都做过浪漫的梦。当这种情感发生的时候，妈妈必须尽可能地体谅孩子。有的妈妈发现忍受父子情谊比父女情深简单得多。然而，如果父女之间的亲情受到嫉妒和敌对的感情干扰，而不能自然发展，那就太可惜了。小女孩早晚都会体验到这种浪漫眷恋所带来的挫折，等她长大时，她会向外寻求合乎想象且更实际的结果。如果父母感情融洽，爸爸和子女的深厚亲情是不会遭到来自妈妈的嫉妒的。当然，如果是多子女的家庭，女孩的兄弟能在这件事上帮大忙，因为他们提供了一块踏脚石，让姐妹的情感从爸爸身上转移到其他普通男人身上。

大家也知道，有的时候父子会处于争夺妈妈的敌对状态。但如果父母感情和睦，这个问题就不会引发过多的焦虑，也不会干扰双亲稳固的情感关系。然而，小男孩的情感是非常激烈的，父母必须认真对待。

事实上，有些孩子在孩提时代从来不曾单独和爸爸相处过一整天，甚至连半天都没有。我认为这是非常悲惨的。我的观点是：妈妈偶尔把父女或父子送出门，让他们单独相处，来一场探险之旅，这是做妈妈的责任。这种做法肯定会得到爸爸和子女的感激，因为这也许会给他们带来一辈子难忘的经验。只是要妈妈送小女儿和爸爸出门并不容易，因为她也非常想单独和他出去。当然，妈妈应该单独和爸爸出去，要不然她不但会愤愤不平，甚至会跟丈夫逐渐疏远。如果她能偶尔打发爸爸和所有的孩子或至少和其中一个出去玩，这将会增加她为人母和为人妻的价值。

所以，如果你的丈夫在家，你会很容易地发现，苦心帮助他和孩子互相了解是绝对值得的。虽然你不能让他们的关系变得充实，因为那取决于爸爸和孩子，但你绝对有能力让这样的关系变成可能或不可能，甚至是破坏它。

宝宝的标准和你的标准

我相信，人人都有自己的理想和标准。每个建立家庭的人，对于家的样子、色调、家具及餐桌到底该怎么设计，都有自己的想法。大部分人都知道结婚时要买哪种房子，到底要住在城市还是乡村，哪种电影值得一看。我相信你结婚的时候，心里一定想过：“现在，我终于能过我想过的生活了。”

一个正在学习词汇的五岁小女孩听到别人说：“小狗按照自己的意思回家去了。”她马上学会了这个说法。第二天，她对我说：“今天是我的生日，所以全部要按照我的意思做。”那么在你结婚的时候，你心里也会想：“现在，我终于能按照我的意思生活了。”要注意的是，我不是说你持家能力一定比婆婆好，但这毕竟是按照你的心意来的，这就是差别。

如果你有了自己的房子，你会立刻动手按照自己的喜好去布置装修，并在装好新窗帘后，邀请亲朋好友来参观。这整件事的重点是，你按照自己的意思布置了这一切，能在家里表达自己的好恶，连你都没预料到自己居然能做得这么好。显然，你很早就在为当家做主这件事做准备了。

如果在装修新家的时候，你没有为了芝麻绿豆大的事和丈夫吵架，那就非常走运了。大多数情况下，你们争论的主题都是这个“好”或那个“不好”，但真正的麻烦其实和那个小女孩所说的一样，当有意见冲突的时候，到底要按照谁的意思来做才是关键。在你看来，这个地段是你看中的，或房子是在降到很便宜的价格时被你抢到手的，所以有决断权；而在你丈夫看来，他挑选的才是好的。但你们怎么可能同时认为那是自己挑选的呢？好在相爱的人总会有一定程度的共同喜好，过一段时间就没事了。解决问题的另一种办法就是默契：妻子用自己的方法来持家，丈夫则在工作上顺风顺水。大家都知道，在英国，家是妻子的城堡。在家里，男人乐于把大权交给妻子掌管，这个家就是她的地盘。只是事实上，男人在工作上的权限往往还没有妻子在家里的地位高。而且，男人很少认同自己的工作，尤其对于技工、做小本生意的老板等这些小人物来说。

有人说，女人不想做家庭主妇。说这种话的人大概忽略了一件事，那就是女人除了在自己家之外几乎没办法在别的地方握有这么大的掌控权。她只有在自己家才能勇气十足，自由挥洒，找到完整的自我。当然，前提是她必须先找到一间公寓或一栋房子才能施展开，而不至于住在父母家里，处处跟亲人起冲突，更不会伤了她妈妈的心。

因此，小宝宝要想按照自己的心意来活是多么困难。偏偏小宝宝大部分时候又是一意孤行的，所以他会坏了妈妈的计划，让事情变得麻烦。因为这个计划是年轻的妈妈按照自己的心意做出的，毕竟她才刚刚找到了独立意识，以及刚刚赢得了尊敬。有些女人宁愿不要孩子，也不能让孩子坏了自己的好事。这是因为在她们看来，婚姻是在自己多年的等待和计划之后好不容易得来的，如果结婚不能让她们建立自己的地盘，那么对她们而言，婚姻的价值就大打折扣了。

如果有个年轻的妻子刚开始持家，发现掌控自己的命运是什么感觉，并以此为傲，那么当她有了孩子时，会发生什么事呢？我相信在怀孕的时候，她也许还没有想到小婴儿会威胁到她刚刚获得的独立生活，毕竟这个时候她要操心的事还有很多，没空想这个问题。况且光想到即将生孩子就让她感到兴奋有趣，备受鼓舞。总之，她也许会以为小婴儿是符合她的计划的，孩子也能在她的势力范围内享受成长的过程。到目前为止，一切都非常顺利，以至于她认为出生后的小婴儿会接受家庭的文化和教养。但后来发生的事，往往是她们没有预料到的。

几乎从刚出生开始，小宝宝就有了自己的想法。如果你有十个孩子，就能从他们身上发现，虽然他们都是同一个家庭里养大的，却没两个是一模一样的。而且，十个孩子会从你身上看到十个不同的妈妈，有的孩子会认为你是既美丽又有爱心的妈妈，但在某些时刻，当光线不好或你在晚上进他的房间时，他又刚好做了一个噩梦，就会把你看成女巫或其他既可怕又危险的东西。

孩子带着他的世界观而来

我要说的重点是，每个孩子在出生的时候，都是带着他自己的世界观和控制自己小小世界的需求来到这世上的，所以每个孩子对你的地盘，以及你小心建立并费心维持的秩序来说，都是很大的威胁。我非常清楚你是多想当家做主，说实话这确实让人难过。

在这种情况下出现的种种困难，实际上是下面这个事实造成的：你之所以喜欢自己的做法，是因为这种做法不但是正确的、合适的、恰当的、最棒的，而且是最聪明的、最安全的、最快的、最经济的，等等。你非常善于将自己的想法合理化，而且说到关于这个世界的技巧和知识，小孩根本比不过你。但事实上重点并不是你的做法最好，你喜欢它、信任它只是因为它属于你，这才是你想掌控一切的真正原因。这没什么不可以。房子是你的，这甚至是你结婚的原因之一。只有掌控全局，你才能获得安全感。

没错，你有权利要求家人遵守你的规则，按照你的习惯摆放餐具，饭前先祷告，不说脏话。因为这是你的家，你坚持按你的意思办事，而不是因为你的做法最好，虽然它的确有可能是最好的。

你的孩子也许会期待你知道自己要什么、相信什么，因为他们受你的影响最大，并或多或少用你的标准来作为自己的标准基础。但重点是，孩子也有自己的信念和理想，也想按照自己的想法建立秩序，这一点你肯定是知道的。孩子并不喜欢一直处在混乱状态或永远自私。如果你太执着在家里施展自己的权威，以至于不能让小婴儿和孩子发展他自然的倾向，不能让他按照自己的世界观去创造一个小小世界，结果肯定会伤害他。如果你对自己有足够的信心，你一定也非常想看看，在你的势力范围之内，你能让孩子按照自己的需求、计划和想法支配这个局面到什么程度。“今天是我的生日，所以一切都要按照我的意思来做。”当小女孩这样说的时候，还没有造成混乱。这一天和其他日子并没有多少不同，唯一的差别就是，它是由孩子，而不是妈妈、护士或女老师所创造的。

在小婴儿的生命之初，妈妈当然得掌控全局。她不能完全地顺从小婴儿的意思，只能定期供应奶水，这已经算是比较不错的了。妈妈也经常成功地带给小宝宝一个短暂的幻觉：在幻觉里，他不必承认梦中的乳房不能满足他。但就算这个梦再美好，梦里的乳房也对他的身体健康起不了任何作用。所以，好的乳房终究必须属于妈妈，而且这个妈妈对他来说还得是外在的，独立于他之外才行。对小宝宝来说，只产生想要吃奶的念头还不行，妈妈也必须同时有喂奶的想法。想要孩子承认这一点是非常困难的，而妈妈能给小婴儿提供保护，不要太早或太突然地让他感受到幻灭。

一开始，大家都认为小宝宝很重要。他如果是因为想要食物或不舒服而哭泣，大家都会顺着他的意思，直到他的需求被满足。大人们允许小宝宝任性，想弄脏尿布就弄脏，完全不需要给出理由。在小婴儿看来，妈妈突然变得严格起来是很奇怪的。有的时候，妈妈听了邻居的“忠告”才变得严格起来，开始所谓的“训练”，在小婴儿遵守她的整洁标准之前，绝不言败。妈妈以为，如果小宝宝放弃希望，不再维持珍贵的自发性和任性，她就成功了。实际上，太早和太严格地训练孩子的整洁习惯，只会适得其反。一个在六个月大就干干净净的小婴儿，一旦大胆对抗或强迫性地弄脏尿布，反而不容易重新训练。好在孩子都找到了出口，也没有完全放弃希望，他们的自发性只是隐藏在症状里面，比如尿床（我作为旁观者，不用清洗和晾晒床单，但从大量的案例里研究得出：太过跋扈的妈妈总是培养出尿床的孩子，这个小孩虽然不知道自己在做什么，却偏偏执意如此）。如果妈妈在维持自己的价值观的时候，能等待孩子发展出自己的价值观，那么她将会收获更多。

妈妈让小孩发展自己的支配权利，就是在帮助他。虽然这样一来你们的权利会起冲突，但这是非常自然的，总好过强迫孩子听你的话，即便你认为自己的做法最好。而且，人人都喜欢按自己的方式来过日子，不是吗？所以，为什么不让孩子拥有房间的一个小角落，或一个小柜子，或一小面墙，来任由他支配？让他根据自己的心情、幻想和一时的兴致，去弄脏或整理或装饰他的小天地。每个孩子都有权利拥有自己的小小地盘，也有权利每天占用你的（还有爸爸的）一点儿时间，这是他应得的，而且在他的小小地盘上，你是在进入他的世界。相比强势的妈妈，还有另一个极端，那就是完全没有主见的妈妈。她会完全放纵孩子，让他随心所欲。这种教养方式对孩子来说并没有什么好处，因为根本没有人会因此开心，包括孩子。

什么是“正常的孩子”？

我们经常谈到难缠的小孩，试图描述他们，将他们的难题分门别类。我们也谈论正常或健康的状态，但严格来说，要描述正常的孩子并不容易。说到身体正常的时候，我们都明白是什么意思，它代表这个孩子的发育符合他这个年纪的一般标准，没有生理疾病。我们也知道智力正常是什么意思。但即便是一个身体健康、智力正常甚至聪慧的孩子，从整个人格上来说，也仍然有可能是不正常的。

我们能从行为的角度来看，拿同年龄层的孩子和这个孩子比较。但如果只因为行为独特就给孩子贴上不正常的标签，好像也不对，毕竟正常的标准范围非常宽广，人们的期望也存在很大的差异。比如，孩子饿了就会哭，但问题是这种情况下孩子的年纪到底多大算正常？一岁时饿了就哭算不算正常？再比如，有个孩子从妈妈的钱包里拿了一个硬币出来，这种行为正常吗？结果还是要依年纪而定，因为两岁大的孩子大部分都会这么做。又或者你看到两个淘气的孩子都做出了让父母想动手打他的行为，但其中一个在现实生活中并没有过如此恐怖的经历，另一个在家里则经常挨打。再来看看，有个孩子三岁大了还在吃母乳，这在英国并不常见，但在世界的其他地方也许就是常见的习俗。总而言之，我们要将两个孩子的行为进行比较之后，才能弄清楚我们说的正常是什么意思。

我们还想知道，孩子的人格发展是否正常，个性是不是朝着健康的方向逐渐强化。实际上，人格成熟过程中的缺陷并不能靠孩子的高智力来补足。如果情感的发展在某个点卡住了，以后每当某种环境再现的时候，他的行为就会退行至婴幼儿。比如，我们说某人每次一遇到挫折就表现得像个孩子，变得暴躁易怒，或是心脏病发作。对于正常的人来说，是有很多方法来面对挫折的。

我要试着对正常的发展说些正面的话，但我们首先得清楚，小婴儿的需求和情感是极其强烈的。即便他和世界的关系才刚刚建立，我们也应该把小婴儿看成一个人，因为毕竟从一开始他就有人的一切强烈感觉。人们会想方设法捕捉自己婴幼儿时期的感觉，因为那些感觉非常强烈，所以很珍贵。

在这个假设的基础上，我们可以把婴幼儿的成长过程想成一个逐步建立信仰的过程。我们对人、事、物的信仰，是通过很多美好的经验慢慢累积起来的。这里的“美好”是指满意，也就是需求或冲动得到了满足与合理化。这些美好的经验是和不好的经验对比的，而“不好”是我们用来描述谁也避免不了产生的愤怒、痛恨与怀疑。我们每个人都必须在自我的内在去建立一个本能欲望的秩序，从这里开始运作自我；每个人也都必须想出自己的方法，在这个分配给他的特殊世界里，和这些冲动共存。这听上去简单，却并不容易做到。实际上关于婴幼儿，我想说的是，即便有各种美好的事存在，婴幼儿的生活也并不容易，而且根本没有按自己意思去做的生活，只有非自发性的顺从。

孩子也有他的人生难题

生活本就艰难，任何婴幼儿都会遭遇各种困难，而这些困难每个都有征兆，在某些条件下，这些征兆甚至是某种疾病的症状。即便拥有最和谐温馨的家庭生活背景，孩子的发展途中也会遭遇困难。而且越是配合得天衣无缝的家庭，反倒越让孩子难以忍受，因为他们不能通过理直气壮地表达愤怒来获得解脱。

所以，我们推论出下面这个观点：“正常”有两个意义。一个是给需要标准的心理学家使用的，因为他必须把不完美的一切称之为不正常。另一个则是给医生、父母和老师使用的。当他们想要描述一个小孩是否有可能长大并成为有用的社会成员的时候，他们就用这个说法，尽管这个小孩早就清楚地显露出症状和造成困扰的行为问题。

举个例子，有一个早产的小男孩，医生说他是不正常的。因为他有十天不吸奶，妈妈只好把奶挤出来，装到奶瓶里喂他。但这对一个早产儿来说再正常不过了，对一个足月的孩子来说才是不正常。后来，男婴到了原本应该足月出生的那一天才开始吸奶，吃得非常慢，而且必须按照他的速度来进行。从一开始他就不好带，他的妈妈慢慢发现只有配合他，按照他的意思来决定开始和结束，她才有可能把他带好。

在整个婴儿期，他对每种新鲜事物都不太喜欢，妈妈在让他习惯新杯子、新浴盆、婴儿床的时候，只能一点点向他介绍，然后等他自己改变心意。这个小男孩这种我行我素的行为在心理学家看来是不正常的，但因为他有一个愿意迁就他的妈妈，所以我们说这个孩子还算正常。这个孩子的生活艰难到了这样一种地步：他发出十分密集的尖叫，已经不能靠哄骗来安慰，妈妈只能把他留在婴儿床里，然后守在他身边等他自己恢复平静。尖叫的时候他并不认识妈妈，也就是说，在他恢复平静之前，妈妈对他来说没什么用；要等他平静以后，她才能又变成他能拥有的妈妈。这个孩子被送到心理学家那里去做特殊检查，候诊的时候妈妈却发现根本不需要专家帮助，她和孩子就能相互了解，后来心理学家让他们自己去解决问题。他明明在孩子和妈妈身上看到了异常，但他宁愿把它当成正常现象，给他们一个珍贵的经验，运用天然的资源，自己从困境中恢复。

我试图这样描述正常的孩子：正常的孩子懂得运用自然所提供的任何方法来抵御焦虑和难以忍受的冲突。(健康的时候)选择使用的方法，和他能得到哪种帮助有关系。当孩子使用症状的能力受到限制和变得僵化，而且在症状与能预期得到的帮助之间看不出相关性的时候，孩子就可以说是不正常了。当然，我们得承认，刚开始小婴儿只有很微弱的能力来判断他究竟能得到哪种帮助，同时他也需要妈妈的密切配合。

以大多数孩子的常见症状“尿床”来说，如果孩子借着尿床来做有效的抗议，用它来对抗严格的管教，并维护个人的权利，那这个症状就是正常的；从另一面看，这说明这个孩子希望多少保有自己的个性，因其个性可能受到威胁。在绝大部分的个案里，尿床都是正常的。再过一段时间，只要得到了良好的照顾，孩子就会主动根治这个症状，并改用其他方法来维护自己的权利。

还有另一个常见的症状，拒绝食物。孩子拒绝吃东西绝对是正常的。我当然知道父母供应的食物是好的，但重点是孩子不会永远认为食物是好的，孩子也不会一直认为好的食物是他应得的。给他时间冷静处理这件事，最后孩子就会发现什么是好的，什么是不好的。也就是说，他会像我们一样，发展出自己的是非观。

我们把孩子正常使用的方法叫作症状，我们认为正常的孩子在合适的环境里，有办法表现出任何症状。但在生病的孩子身上，麻烦的倒不是出现症状，而是这些症状没有发挥应有的作用。这对妈妈和孩子来说都是问题。

所以，尿床、拒吃食物及其他症状，都有可能被认为不正常，但实际上这些症状并不需要治疗，而且我们认为正常的那些孩子都会出现上述征兆。有这些征兆只是因为生活艰难，况且对于刚来到这世上不久的孩子来说，更是艰难无比。

孩子生活困境的成因

孩子的困难又来自哪里呢？首先，这是两种现实之间的根本冲突所造成的：一个是所有人共享的外在世界，另一个则是每个孩子的内心情感、想法和想象世界。从刚出生开始，妈妈就带领孩子不断地认识外在世界。在孩子早期的喂食经验里，他们的想法被拿来和事实做比较；孩子想要的、期望的和想象的，被拿来和妈妈提供的、依赖他人意志及愿望才能生存来做比较。这个根本困境会伴随他的一生，让他苦恼。即便拥有最好的外在现实也或多或少让人失望，因为这并不是想象中的，就算它能被操控到一定地步，也并不是被彻底控制了。照顾孩子的人有个主要任务，那就是要在孩子从幻觉到幻灭的转变过程中给他帮助，尽量做到随时把孩子所面临的问题单纯化。要知道，小婴儿大多数情况下的尖叫和乱发脾气都属于内在和外在现实之间的拉锯战范畴，我们得把这场拉锯战当作正常。

这个幻灭的独特过程里面有个特殊部分，那就是孩子会发现当下的冲动非常有趣。然而，小孩要长大，要学会和其他人共处，就必须放弃很多突发的自发性乐趣。但尚未发现及拥有的东西是不能放弃的，所以妈妈必须先让孩子感受到绝对的爱，再要求他退而求其次。这真是一个无比困难的任务啊！在这样痛苦的学习中，冲突与抗议的确经常发生。

另外，小婴儿会非常糟糕地发现，伴随兴奋而来的是摧毁的念头。喂奶的时候，孩子容易产生冲动，想摧毁眼前美好的一切，包括食物及给他食物的人。当小婴儿能认出他的照顾者，或者很喜欢这个照顾者，到了喂奶时间，这个人会自动送上门来要求被摧毁或被榨干时，小婴儿会发现自己的这个念头非常吓人。接下来，他还会产生另一种感觉：如果一切都被摧毁了，那不就什么都没有了?！到时候该怎么办呢？又要挨饿吗？

所以，到底该怎么办呢？有的时候，孩子干脆就不再对食物感到热切的渴望，他的内心会变得平静，因为没有渴望，他就得不到充分满足的经验，并失去了一些珍贵的东西。我们由此看到了一个症状：健康的贪吃行为被控制了，但胃口也变差了。我们应该预料到在正常的孩子身上或多或少都会有这样的症状。如果妈妈知道这些小题大做是怎么回事，就会想尽办法来避开这个症状，她绝不会轻易陷入恐慌，会耐心等待孩子自然恢复。这两点在育儿的时候是一件好事。因为照顾者很冷静，而且一直表现得很自然，小宝宝的表现也会跟着变好。

这一切只和婴儿与妈妈这份母子关系有关。不久之后，其他麻烦中还加入了孩子认出爸爸所带来的问题。你在孩子身上注意到的很多症状，都和这个事实自然产生的难题及更深远的原因有关系，但我们绝不会因此就不让小孩认识爸爸。无论孩子是出于嫉妒、爱或爱憎交加，而出现各种症状，都好过跳过适应外界现实这个难关而直接前进。

另外，弟弟妹妹的出生所造成的嫉妒和生气，同样是令人满意，而非可悲的症状。

最后，我只想再说一点，那就是孩子不久后就会开始创造一个私人的内心世界，在这个世界里，他们输输赢赢。这个内心世界起主导作用的是神奇的魔法。从孩子的图画和游戏中，你能看到他内心世界的想法，对此要认真看待。当这个内心世界表现在孩子的行为上，甚至表现在身体上的时候，你就该想到孩子的身体也是内心世界的一部分。比如，各种身体的疼痛及不舒服，其实有时是内心世界的紧张和压力的外在表现。孩子想要控制内心的现象时，就会产生疼痛和苦恼。有的时候孩子甚至会做出奇怪的姿势，或者像着了魔一样跳舞，转来转去。你在处理孩子这些“疯狂”举动的时候，需要认真判断孩子是生理上的问题还是心理上的问题。

孩子会对各种真实的及想象的人、动物或东西着迷，而且这些想象中的人和动物偶尔会跑到外面的世界来。如果你要孩子迅速甚至提前长大，将造成孩子内心的混淆，所以最好的办法是你假装自己也能看到那些他想象中的人和动物。有时候你还得招待这些孩子想象出来的玩伴。不要对此感到惊讶，而且你得尽量真诚一些，因为对他来说这些玩伴都是真实的。这些人和动物虽然出自他的内心世界，却因为某个很好的理由暂时被留在了人间。

我很难告诉你人生艰难的原因，这里我只能给你一个友善的暗示。孩子的游戏能力储存了很多东西。如果孩子能够玩游戏，他就会有一两个问题冒出来。如果孩子有能力享受游戏——不管是自己玩，还是和其他小孩一起玩，他就不会出现太严重的问题。如果在游戏中，孩子能体现出丰富的想象力，而且也能从对外在现实有精确认知的游戏当中获得很多乐趣，那他就应该感到开心，因为即便这个孩子有问题，会尿床、说话结巴、爱乱发脾气，或是会重复陷入易怒或忧郁中，也不必担心。玩游戏说明只要有良好而稳定的环境，这个孩子就有能力发展出个人的生活方式，而且最终会变成一个完整的人。我们的世界需要这样的人，也欢迎这样的人。

独生子女的优缺点

你是否想过这个问题：家中没有兄弟姐妹的孩子，也就是独生子女，和非独生的子生有什么差别？

现在我们身边有很多都是独生子或独生女，只生一个孩子肯定有它的好处。在这些家庭中，当然有很多父母愿意多生几个孩子，却受到各种牵绊或阻碍，不能如愿以偿。但只生一个孩子往往是刻意计划的。如果你问那些已婚夫妻为什么只生一个孩子，最常见的理由是经济问题：“我们只养得起一个孩子。”

养孩子肯定是非常花钱的。我认为随便建议父母不顾虑经济压力而生孩子，有些不太明智。我们也见过有些缺乏责任感的男女随便生一堆孩子（不管是婚生还是非婚生），然后遗弃。这些人的这种做法自然会吓得年轻人犹豫不决，不敢随便生养一大群孩子。当然，大部分人是从金钱的角度来谈这件事，这无可厚非，然而我认为真正让他们犹豫的是：他们担心照顾一个大家庭会以丧失太多个人自由为代价。如果两个孩子对父母的要求真的是一个孩子的两倍，那还是事先考虑一下比较合适。但我们也许会产生疑问，多养几个孩子的负担，是不是真的比只养一个孩子重？

请原谅我在这里把孩子称作负担。事实上，孩子的确是个负担，如果他们能给家庭带来喜悦，那是因为他们是父母真心想要的，他们的父母喜欢承担这个重担。他们对此达成共识，不把他称作负担，而叫孩子。有个很有意思的说法："但愿你所有的麻烦都是小的！"如果我们以感情用事的态度来谈论孩子，很多人会干脆放弃要孩子的念头。妈妈们虽然并不认为清洗和缝补衣服是件苦差事，但我们必须牢记这些苦及其所代表的无私精神。

如果是家中独生子，他当然多了一些优势。我认为，父母如果能将自己完全奉献给一个孩子，就说明他们也许有个良好的规划：让小宝宝有个单纯的婴儿期。也就是说，这个小宝宝能享有最单纯的母子关系，这份关系里会慢慢发展出很多复杂的事物，而且绝不会快过发育中的小宝宝所能承受的速度。单纯的生活环境能给宝宝稳定感，让他一生受益。另外，也应该想想其他重要事项，比如家中只有一个孩子，父母就能轻松地提供食物、衣服和教育。

独生子女所欠缺的经验

现在，再来看看有哪些不利的方面。独生子女遇到的最大问题就是缺少玩伴，及缺乏兄弟姐妹这些人际关系所带来的丰富经验。孩子的游戏里有很多东西是大人难以理解的，就算大人能了解，他也不会像孩子一样长期沉浸在游戏里。实际上，如果大人陪孩子玩，游戏里天生的疯狂就会变得十分明显。所以要是没有好的玩伴，孩子就不能在游戏中自然成长，还会错过那些不计后果、没责任感和心血来潮所获得的乐趣。这种环境会让孩子变得早熟，宁愿听大人说话，跟大人聊天，帮妈妈做家务，或使用爸爸的工具。相比来说，玩游戏就变得不适合了。而能一起玩耍的孩子则有无穷的能力去发明游戏的细节，他们还会玩很长时间也不觉得疲倦。

还有一件非常重要、非常珍贵的事情——让孩子获得弟弟或妹妹加入这个家庭的经验。事实上，这个经验的价值比我们想象中的还要大。怀孕是个重要过程，孩子如果错过妈妈的生理变化，那他错过的就太多了：一开始他会发现自己不能在妈妈的大腿上撒娇，后来才慢慢理解其原因，最后在新宝宝出生的时候得到确凿的证据，证明他始终暗自猜想的事情，然后又看到妈妈恢复正常等。虽然有很多孩子认为这个经验太难理解，不能克服心中油然而生的强烈情感和冲突，但在我看来，每个缺乏这种经验的孩子，因为从来不曾看见过妈妈用乳房喂弟弟妹妹，或不曾看见过妈妈为小婴儿洗澡、照顾小婴儿，他们在经验上比那些亲眼见过的孩子要贫瘠很多。或许孩子和大人一样也想要小宝宝，但他们没有办法生小孩，洋娃娃只能给他们带来一点点的满足，如果妈妈生小孩，他们就能通过被授权而照顾并拥有小孩。

独生子女非常缺乏恨的经验。当新宝宝威胁到看起来稳固的亲子关系的时候，孩子自然会产生恨意。大部分孩子都会对弟弟妹妹的出生感到心烦意乱，这是正常的。孩子对弟弟妹妹的第一个印象往往不会太有礼貌："他的脸红通通的，像个番茄。"实际上，父母在第二个孩子出生的时候，当听到第一个孩子直接表达出心中的厌恶，甚至是强烈的痛恨时，他们应该是感觉松了一口气。当新来的宝宝成长发育，大到能和哥哥姐姐一起玩耍，能让人感到骄傲的时候，老大心里的恨意就会慢慢转变成爱。要知道，老大刚开始的反应也许是因为害怕或痛恨。这个情绪所产生的冲动，通常会让他想把新宝宝扔到垃圾箱里。当孩子发现他慢慢爱上的小弟弟或小妹妹，正是他几周前痛恨的、希望他消失的那个新宝宝的时候，一个经验形成了，这对他来说尤其珍贵。所有的孩子都有这个困难：不知道该怎么理直气壮地表达恨意。独生子女尤其缺乏机会来表达他天性里具有攻击性的一面，这是非常大的缺憾。一起长大的孩子会玩各种各样的游戏，这样他们就获得了一个宝贵机会：能跟自己的攻击性和解。而且，这也会让他们发现，当他们真的伤害了所爱的人的时候，他们会感到歉疚。

新宝宝的诞生还说明父母除了喜欢彼此以外，也还有性的兴趣存在。我认为新生儿的到来，会给孩子们一个安心的保证：确认了父母之间的良好关系。对孩子来说，能感受到父母之间还有性的吸引力，能把他们牢牢地联结在一起，维系家庭生活的结构，这一点是特别重要的。

有兄弟姐妹的孩子比独生子女还多了另一个优点。在大家庭里，孩子们有机会当哥哥姐姐或弟弟妹妹，这些人际关系会给他们将来适应团体生活打下基础，能帮他们顺利进入外面的世界。独生子女如果连堂表兄弟姐妹都没有，那他长大以后认识其他男孩和女孩的机会就会减少。独生子女随时都在寻找稳定不变的关系，这非常容易吓跑刚刚认识的人。相比来说，大家庭里的孩子早已习惯认识兄弟姐妹的朋友，当成长到青春期的时候，他们已经累积了不少实用的人际关系经验。

父母确实能为独生子女做很多事，大部分父母也都尽了自己最大的努力，但他们也得经得起折磨才行。在战争期间，他们需要非常勇敢才舍得让孩子参加战争，虽然在孩子看来这也许是唯一可行的好事。因为不管男孩女孩都需要有冒险的自由，如果不让他们冒险，他们就会感受到严重的挫折。但作为家里唯一的孩子，如果受伤了，恐怕会让父母伤心。话虽如此，把孩子拉扯长大，送进社会，父母还是会有成就感。

另外，孩子长大后还需要照顾年迈的父母。如果有兄弟姐妹，赡养父母的工作就有人分担，否则独生子女也许会被孝敬父母的愿望压垮。或许父母早该事先想好这一点。大部分父母有时会忘记这一点，因为孩子很快就长大成人。可孩子却可能需要（而且也想）赡养父母二十年、三十年，甚至更久——这是一个不确定的时间。如果有好几个孩子一起照顾年迈的父母，这样赡养的乐趣能更容易持续到终点。实际上，有时候年轻夫妇是想多生几个，但因为他们要照顾年迈或生病的父母，又没有足够的兄弟姐妹分担并享受这份工作，所以不能多生。

上面我所讨论的独生子女的优缺点，前提都是这个孩子是个平凡、健康、正常的人，又有个平凡的好家庭。如果要讨论不正常的状况，能说的还有很多。比如，家中如果有智力发育迟缓的孩子，父母则需要另做打算来应对这个独特的难题。这个时候，如果还得同时养育好几个孩子，父母会更加为难，因为他们不能只为了配合这个不正常的孩子，而影响其他正常的孩子。另外，同样重要的情况是孩子的父母生病，不管是生理的还是心理的。比如，有些父母经常忧郁或发愁；有些父母是对外面的世界感到恐惧，认为世界是危险的，他的情绪影响了全家。独生子女需要单独发现并处理好这一切。

曾有朋友告诉过我："我有种奇怪的自闭感觉。也许是父母给的爱太多了，他们放在我身上的注意力太多，占有欲也太强，让我感觉自己就像是和父母关在了一起。他们以为他们是我的全世界，但其实早就不是了。"对我来说，这是独生子女的苦恼。幸好我父母在这方面很明智。在我还不太会走路的时候，他们就送我去上学，让我和隔壁的孩子住在一起，但家里还是有种奇怪的拉力，好像没有什么比得上家庭及亲情。如果家里没有其他孩子，这些事情是很容易让我恃宠而骄的。

你现在大概会以为，相比独生子女的家庭，我更喜欢大家庭。实际上，我宁愿只生一个或两个孩子，然后尽全力照顾好他们，而不是毫无节制地生，以至于最后根本没有体力和心情来照顾他们。如果因条件限制，家里只能有一个孩子，你一定要记住，你或许应该邀请其他小朋友到家里来玩，而且要在孩子还小的时候就开始。如果两个孩子发生了冲突，并不说明他们不该认识。如果真的没有其他玩伴，可以养小狗或别的宠物，或是去托儿所和幼儿园里结交朋友。只有一个孩子的弊端数不胜数，但是如果你能了解我说的这些，那么只要你愿意努力，就能把这些弊端的影响降到最低。

双胞胎

孕育双胞胎是非常自然的现象，并不需要太过担心，也不用太惊喜。我认识很多喜欢生养双胞胎的妈妈，也认识很多双胞胎。但是，这些妈妈中的大部分都异口同声地告诉我，如果能选择，她们绝不会生双胞胎。至于双胞胎本身，即便那些看上去非常安于自己命运的，也经常告诉我，他们宁愿单独一个人来到人世。

双胞胎有其特殊问题要解决。他们有优点，也有缺点。与其告诉你该怎么做，还不如给你一两个提示，让你知道双胞胎家庭主要的困难是什么。

生理学上的双胞胎有两种，每一种的问题都不一样。你知道的，每个小宝宝都是从一个小小的受精卵发育而来。卵子一旦受精就开始发育，然后分裂成两个细胞。这两个细胞又各自分裂出两个，再变成四个，然后由四个变八个，就这样一直分裂下去，直到这个新人类由数以百万计的各种细胞组合而成。不同细胞间彼此相关，但又像原本的受精卵一样，是个完整的个体。有的时候，刚刚受精的受精卵第一次分裂后形成两个细胞，它们会各自独立发育，这就是同卵双胞胎的形成过程。也就是说，这两个宝宝是从同一颗受精卵发育而来的。同卵双胞胎的性别是相同的，外表也极其相似，至少婴幼儿时期是长得差不多的。

另一种双胞胎的性别可能一样，也可能不一样，他们就和其他兄弟姐妹一样，只不过他们是从不同的卵子发育而来，但一起在子宫里成长。这种双胞胎的长相未必会一模一样，就像家里其他的孩子一样。

不管是哪种双胞胎，我们都会因此感到高兴：孩子有伴真好，永远不会孤单了，特别是再大一些后就能相互做伴。然而，这里有个谁都没想到的障碍，想要了解这一点，我们就需要想想小婴儿发育的方式。大多数情况下，如果有个良好的育儿环境，小婴儿出生之后就会打下人格和个性养成的基础，并会慢慢发现自己的身份。我们希望自己的孩子能长成一个无私和心胸开阔的人。但我们研究一下小婴儿的情感发展就会发现，无私只有建立在最初的自私基础上，以后才能以一种健康而稳定的方式出现。也就是说，如果没有最初的自私，孩子的无私里就会充满怨恨。实际上，这个最初的自私就是小婴儿有个好妈妈的经验。这个好妈妈从一开始就努力配合小宝宝的欲望，让宝宝的冲动支配所有，并愿意等待，让小宝宝慢慢发展出接受他人意见的能力。一开始妈妈的确需要给小宝宝一种占有感，让宝宝感觉是他在控制妈妈，并让他以为妈妈是因为他的需要才被创造出来的。这时，妈妈的私生活并不会影响到小宝宝。当小宝宝骨子里有了最初的自私经验，以后才能变得无私，不会有太多怨恨。

一般情况下，每个来到世上的小宝宝都有充分的时间慢慢接受“妈妈也有权利有别的兴趣”这个事实。大家都知道，每个孩子都会认为另一个孩子的到来是个问题，有时候还是十分严重的问题。往往要到小宝宝一周岁以后，妈妈才会担心孩子是否愿意和其他小宝宝一起玩耍。而且，就算是两岁大的孩子，一开始也只是打架，而不是在一起玩。每个小宝宝都需要一段时间才能真诚地欢迎弟弟或妹妹的到来，而这段时间的长短是根据每个孩子的自身发展来定的。只有当孩子真的“允许”妈妈怀孕的时候（当他能“承认”妈妈怀孕这个事实时），这个关键时刻才算到来。

那么暂且不谈孩子允许父母增加家庭新成员是经历了怎

样的发展过程，双胞胎可是从一开始就要和另一个小宝宝相抗衡的。

在这个时候，我们就会发现“小婴儿最开始的几个月并不重要”这种观点错得有多离谱，因为双胞胎一开始是否认为他们独自占有妈妈，其实是一件十分重要的事。双胞胎妈妈的首要任务就是，同时把全部的自己奉献给两个小宝宝。从某种程度来说，她必然是要失败的，所以双胞胎的妈妈只要尽力而为就好，要相信孩子们最终会找到一些优势，来弥补双胞胎先天的困境。

一个妈妈不可能同时满足两个小婴儿的需求。不论是喂奶、换尿布还是洗澡，她都不可能同时把两个孩子抱起来，但她会尽力做到公平。如果她从一开始就认真考虑这个问题，以后一定会获得回报，虽然要做到这一点并不容易。

妈妈一定要能区分双胞胎

事实上，妈妈会慢慢发现，她要做的并不是公平地对待每个孩子，而是要把两个孩子看成截然不同的独立个体。这就是说，从一出生开始，她就必须发现两个孩子的不同之处，且必须比别人更能轻易地分辨出哪个是哪个。可能一开始她必须靠皮肤上的小记号或别的秘诀来区分，但慢慢地她会发现，两个孩子的性情真的非常不一样，如果她把每个孩子都当作一个独立完整的人来对待，而他们最终就会按照妈妈想的那样发展出自己的特色。我相信，双胞胎的问题大多数是，即便他们真的不同，别人也总把他们看作一样。人们这么做的原因要么是为了好玩，要么就是因为没人觉得应该为这种事大费周章。我认识一家人，妈妈从来没学会怎么分辨自己的双胞胎女儿，倒是其他孩子能毫无困难地认清楚谁是谁。其实这两个小女孩的个性真的非常不同，但她们的妈妈不管喊哪一个都是叫“双胞胎”。

妈妈自己照顾一个，把另一个交给护士，也不是一个明智之举。比如，为了一个很好的理由（健康的缘故），你也许必须让别人来分担照顾孩子的工作。但这只是把问题延后而已，总有一天，你交给别人带的那个孩子，会非常嫉妒你留下来自己照顾的这一个，即便是帮手做得比你好也没用。

双胞胎的妈妈们应该清楚，即使双胞胎有时候喜欢被别人认错，但他们需要自己的妈妈能一眼就认出他们。关键是不管哪种案例，双胞胎小孩绝对不能搞不清楚自己的身份，而要做到这一点，就必须在生活中有个人能非常清楚地区分出他们。我认识一位妈妈，她有一对同卵双胞胎，在外人眼中这两个孩子一模一样，但妈妈从一开始就能轻易地区分，因为他们的性情大不相同。他们出生后一星期左右，妈妈喂奶时会披上一条红色围巾，让过程变得复杂一些。当时双胞胎的其中一个就对红围巾产生了兴趣，一直盯着看，也许是因为色彩太鲜艳，他反而对乳房失去了兴趣。但另一个并没有受到围巾的影响，还是像平常一样吃奶。经过这件事之后，妈妈不但感觉这两个孩子完全不同，也认为他们不是活在平行的经验里了。这位特殊的妈妈解决了到底该先喂谁的难题，她的办法是随时做好准备，然后看哪个孩子更急切就先喂哪个。这往往通过听哭声就能知道。当然，这个办法也有出错的时候。

养育双胞胎的关键是，应该给每个孩子有区别的待遇和养育，这样每个孩子的完整性和独特性才能得到充分的认可。即便双胞胎长得一模一样，妈妈还是需要跟每个孩子都建立完整的关系。

我刚才提到的这位妈妈告诉我，她发现把一个宝宝放在前院花园睡觉，另一个放在后院，是个好办法。你也许没有两座花园，但也能做一些精心的安排，千万不要让其中一个哭起来时，把另一个也带哭。两个宝宝一起哭，不但会让你为难，宝宝也会很可怜。因为在哭泣的时候，宝宝也喜欢掌控场面。襁褓之初，就在天生的独裁舞台上遇到对手，可真是让人抓狂的事，而我相信这种事情会影响双胞胎的一生。

我们知道，长得一模一样的双胞胎叫作同卵孪生[①]。这几个字其实已经泄露了一切。如果两个孩子真的完全一样，他们就是相同的，也就是同一个人，这当然很荒谬。因为他们只是相似，并不是一模一样，只是人们把他们当作一模一样。我说过，如果人们这么做，这对双胞胎就会跟着搞不清楚自己的身份。别说双胞胎了，就是普通的小婴儿也会对自己的身份产生困惑，他们需要时间建立自信心。要知道，孩子在学会说话以后，要过一段时间才会使用代词。他们先学会说“妈”“爸”“要”以及“狗”，然后才会说“我”“你”和“我们”。双胞胎坐在婴儿车里，很可能以为他们俩就是一个人。小婴儿认为坐在婴儿车另一头的就是自己（就像照镜子），这是十分合乎情理的，他们才不会（用小婴儿的语言）说：“坐在我对面的是我的双胞胎兄弟（姐妹）。”但当其中一个被人从婴儿车上抱起时，另一个就会产生失落和上当受骗的感觉。这也许是每一个小宝宝都要面临的困境，只不过在双胞胎身上更为突出。当然，如果我们从一开始就坚定地认为他们是不同的人，他们就有希望克服这个困难。以后等到双胞胎对自己的身份非常自信的时候，他们

① 同卵孪生的英文是 identical twins，identical 既有同卵、同源，也有一模一样的意思，正好一语双关，所以作者才会这样说。这里含有同卵孪生必然会长得一模一样的意思。——译者注

才有可能乐于利用彼此的相似之处。只有他们解决了这个困难之后（绝不会早于这个时间点），他们才会开始玩身份误认的游戏。

最后你也许会问，双胞胎喜欢彼此吗？这需要留给双胞胎自己去回答。据我所知，“双胞胎特别喜欢彼此”这个想法还有待研究。他们通常接受彼此的陪伴，喜欢一起玩耍，痛恨被人分开，却并不代表他们彼此相爱。有一天，他们可能会发现痛恨彼此，就好像是毒药，恨他又离不开他，然后他们彼此相爱的可能性才会到来。这一点当然不适用于所有情况，但在两个孩子不管愿不愿意，都不得不容忍彼此的情况下，他们根本无从知道，如果有选择，自己会不会选择认识彼此。所以，只有在表达过恨意之后，爱才有可能。你不能理所当然地以为你的双胞胎想要一生一世在一起。知道这一点很重要。

他们可能会，也可能不会感激你或某些机会（比如，出麻疹）让他们分开，毕竟独自一人总比有双胞胎陪伴更容易变成一个完整的人。

孩子为什么酷爱玩游戏？

孩子为什么爱玩游戏呢？下面这些理由看似浅显，却值得深思。

大部分人都认为，孩子玩游戏是因为他们喜欢玩。这当然是对的。孩子沉浸在各种生理及情感的游戏经验中，而我们可以提供材料和想法，来拓展他们这两种经验的范围。但实际上少提供一些似乎更好，因为孩子自己就非常会找适宜的玩具，也非常会发明游戏，还会沉浸其中。

我们经常认为孩子在游戏里“发泄了恨意和攻击性”，就好像攻击性是必须摆脱的坏东西。这种说法其实只说对了一部分。孩子确实会感到压下怒气和生气经验的后果，就好像是在自己内心埋了个坏东西。我们如果换个角度看，这件事反而会变得有意义，那就是：孩子其实很喜欢在自己熟悉的环境里表达恨意或攻击的冲动，他知道这个环境不会报复他。孩子认为好的环境会容忍他的攻击性，尤其是那些以比较能接受的形式所表达出来的攻击性。我们不要否定攻击性存在的价值，因为它就在孩子的性格里，如果存在的东西被隐藏、被否认了，孩子就会感觉自己不诚实。

攻击性有可能是非常愉悦的，可是难免会产生对别人在真实或想象层面的伤害，所以孩子必须处理好这个难题。但要处理这一点就需要从源头解决，其中一个办法是让他在游戏规则里表达攻击性，这样他才不会一生气就发怒。另一个办法是，把攻击用在有根本建设性目标的活动里，但实际上这些事情只能一步一步慢慢来。我们要做的是不要忽略了孩子在游戏里面（而不是发怒的时候），表达攻击感受的社会贡献。我们当然不喜欢被人痛恨，也不喜欢受到伤害，但我们绝不能忽略提高自我修养努力克制坏脾气的重要价值。

我们很容易看到孩子为了玩而玩，却不容易看到孩子的玩耍是为了控制焦虑，或是为了控制那不约束就会导致焦虑的想法和冲动。

焦虑往往是儿童玩游戏的因素之一，甚至还是主要原因。焦虑所带来的过度威胁会让孩子陷入不能自拔的强迫性或反复性的游戏，或是夸张地寻求和游戏有关的乐趣。如果焦虑太过了，游戏就会变成纯粹感官满足的一种工具。

“焦虑是儿童游戏的主因”并不是我们要讲的主题。但我们要知道，游戏带来的实际结果非常重要。因为如果儿童玩游戏纯粹是为了好玩，我们就应该要求他们不要玩了。相反，如果游戏处理的是焦虑，不让他们玩游戏就会引发他们的烦恼和真正的焦虑，或是引发对抗焦虑的新防御方法（比如自慰或做白日梦）。

孩子在玩耍中获取经验，游戏成了他生活中的一大部分。对成年人来说，外在经验和内在经验都非常丰富，但孩子只能通过游戏和幻想才能充实自己。大人在生活经验中发展人格，孩子则通过自己发明的游戏，通过和其他孩子、大人发明的游戏来发展人格。当孩子充实了自己之后，才能慢慢拓展他看见丰富的外在世界的能力。游戏是拥有创造力的持续证明，也就是灵感源源不绝的原因。

成年人能帮助孩子的是承认游戏的重要地位，并教导传统游戏，但又不要限制或破坏孩子的创造力。

孩子一开始会独自玩耍，或是和妈妈一起玩，这个时候他并不需要和其他孩子一起玩。孩子主要是通过游戏接受其他孩子的存在，但是他们必须先融入游戏预先设定的角色才行。大人也一样，有的大人能很容易地在工作上结交朋友或树立敌人，有的人却在家里枯坐多年，质问老天为什么没人理解他们；孩子也是在游戏中结交朋友和树立敌人的，他们不容易在游戏以外交到朋友。现在我们了解了，游戏提供了一个启动情感关系的机制，促使社交关系能够发展。

游戏促成了内外现实的联结

游戏、艺术和宗教活动各自用不同但相似的方式，促成了人格的统一和全面的整合。例如，我们现在知道了，游戏能将个人的内在现实和外在现实轻易地联结起来。

这件事情错综复杂，换个角度看你会发现，孩子是在游戏中将想法和身体功能联结起来的。通过这样的联结，如果我们研究自慰或其他感官开发及其相关的意识或潜意识里的幻想，并把这些和真正的玩游戏对比，将会大有收获。在真正的游戏里，意识和潜意识的想法占了主导地位，相关的身体活动如果不是暂时搁置，就是在游戏内容中受到了控制。

当我们在某些孩子的个案里，看到他的强迫性自慰明显挣脱了幻想，或是在其他孩子的个案里，看到他的强迫性白日梦明显挣脱了局部的或整体的身体兴奋，我们才能看清楚，游戏里的健康倾向把生活中的这两个层面——身体的功能和源源不绝的灵感，联结了起来。游戏是孩子试图保持正常的时候，用来取代感官享受（sensuality）的做法。大家都知道，如果孩子焦虑过度，就会深陷在感官刺激中不可自拔，也就不可能玩游戏了。

同样，当我们碰到一个孩子，看到他和内在现实的关系跟和外在现实的关系是脱离的，也就是说，他的人格在这方面是严重分裂的时候，我们大概才会清楚明白，正常的游戏（比如梦的记忆和述说）对人格的整合有很大的帮助。人格严重分裂的孩子不能玩游戏，或者说是不能用一般认得出来的方式玩游戏。今天（1968 年补记），我要再追加四个观点：

（1）游戏本质上是有创造力的。

（2）游戏总是兴奋刺激的，因为它处理主观和客观感知之间的不确定的界线。

（3）游戏在小宝宝和妈妈之间的潜在空间（potential space）里发生。当小宝宝感觉到与原本和自己是一体的妈妈分开的时候，我们就必须重新思考这个变化所造成的潜在空间。

（4）游戏在潜在空间的发展，是根据小宝宝不必与妈妈分离就能有分离的体验。这个体验之所以会发生，是因为他以前和妈妈身心在一起的状态，现在被妈妈完全地配合小宝宝的需求所取代。也就是说，宝宝开始玩游戏，说明他已经信任妈妈的生命体验了。

孩子的游戏可以说是“一个人坦诚面对自己”的过程，这就好像大人穿衣服的过程。可是，这一点在孩子很小的年纪就可以颠倒过来，因为游戏就像说话一样，也能用来隐藏我们的想法——那种更为深刻的想法。被压抑的潜意识必须被隐藏起来，但剩下来的潜意识是每个人都想知道的。而游戏就像梦一样，具有自我启示的作用。

在婴幼儿的精神分析里，沟通的欲望是通过游戏来表达的，而不是用大人的语言。三岁小孩对大人的理解能力往往都非常有信心，以至于精神分析师反而会担心自己达不到他们的期望。于是，孩子在幻灭之后，就产生了极大的苦恼。他懊恼大人为什么不懂他通过游戏所做的沟通。对于想更深刻了解孩子的分析师来说，没有什么比孩子的这些苦恼更恼人的了。

年纪大一点儿的孩子在这方面不抱太多幻想。自己被别人误解或者是发现自己会骗人，并发现教育的主要作用是骗人和让人妥协，都不会让他们太震惊。好在所有的孩子（甚至是一部分大人）或多或少都有办法重拾被人了解的信心。在他们的游戏里面，我们总能找到通往潜意识的入口，重新发现他们天生的真诚。说起来也真奇怪，这种真诚在婴儿期以自由盛放的姿态开始，结果却以发育不全的花蕾收场。

孩子与性

在这之前，把性和童年的“纯真”相提并论，还被看成不适宜的事。现在，我们却需要精确地描述。因为这里面未知的部分太多，我们建议学生自己多研究。如果一定要引用别人的观点取代观察，那就请采百家之长，不要偏听一家之言。然而，我接下来要说的并不是各家理论的介绍，而是根据我所受过的小儿科医学和精神分析的训练及经验，试着用我自己的语言对童年的性欲进行描述。这个主题非常广泛，在这里因为篇幅所限，我的描述难免有些片面。

在思考儿童心理学的任何层面的时候，我们应该记住：每个人都曾是孩子。这一点非常重要。每个成年的观察者心里都有自己婴儿期和童年时代的完整记忆，就当时的理解来说，这里面有幻想部分，也有现实部分。长大之后，人们会忘记很多事情，但其实一点一滴都不曾失去。还有什么比我们的记忆更能提醒我们关注潜意识的庞大资源呢！

我们极有可能在自己身上，把某些被潜抑的潜意识，从庞大的潜意识中挑出来，这里面包括性的部分。但好像只要一提起童年时代的性欲，我们立刻就会发现重重困难，最后不得不换个主题。从另一个角度来说，如果观察者能自由寻找观察的目标，不必（为了个人的原因）对他找到的目标做太多防御，他就能从众多方法中挑选一个来做客观的研究。实际上，分析自己最有价值。立志以心理学为终生事业的人，一定会选择这个方法，（如果成功）他不但能在其中摆脱现有的潜抑，也能通过记忆和重新体验，发现自己幼年生活中的情感和必要的冲突。

弗洛伊德的贡献

弗洛伊德说过，一定要注意童年性欲的重要性，只不过他的这个结论是从对成年人的分析中得出的。他每完成一个成功的个案分析，就会得到一个独特的经验。在他的独特经验里，病人的童年和婴儿期在病人面前浮现，同时也在分析者的面前展开。他曾无数次看到心理疾病的自然发展过程，这里面交织着心理与生理的、个人与环境的、真实与想象的、病人意识到的以及被压抑在潜意识中的一切。

弗洛伊德在分析成人的时候发现，他们的性生活和性障碍的原因，必须回溯到青春期，甚至回溯到童年，尤其是二至五岁的幼年时期。

他发现有个描述不了的三角关系，即小男孩爱上了妈妈，而和爸爸发生了冲突，彼此成了性方面的对手。这个性的成分不只发生在想象中，而是有事实来证明。它延续下去出现的就是：生理器官的勃起、高潮的兴奋阶段、杀人的冲动和一种特殊的恐惧——阉割恐惧。弗洛伊德称这些为“俄狄浦斯情结”①。俄狄浦斯情结到现在为止依然是个主要的事实，虽然它曾历经不断的推敲和修正，但都无可回避。如果心理学对这个中心主题避而不谈，那是注定要失败的。所以，我们必须感谢弗洛伊德勇敢说出他反复发现的事，并独自一人承担起大众对他的道德非难。

弗洛伊德使用“俄狄浦斯情结”一词，是对精神分析以外，按照直觉去了解童年的做法表示的赞赏。这里的俄狄浦斯就是

---

① 俄狄浦斯情结（Oedipus complex），又被称为恋母情结，俄狄浦斯王是古希腊诗人索福克勒斯（Sophocles）笔下的悲剧人物，神谕说他长大后会弑父娶母，所以他出生后就被父母丢弃，长大后却还是应验了命中注定的悲剧。弗洛伊德用俄狄浦斯王这个家喻户晓的神话故事来形容他所发现的恋母情结。——译者注

指《俄狄浦斯王》神话中的那个人，也就是说，弗洛伊德想描述的是众人皆知的事。

这个理论环绕着俄狄浦斯情结的核心概念做了一连串的发展。如果这个理论是用一个艺术家视角，靠他对整个童年性欲及童年心理的直觉理解而提出来，那么产生很多批评俄狄浦斯情结的声音，倒是可以理解。但这个概念就像科学程序梯子上的一阶，作为一个概念，它有极高的价值，因为它同时处理了身体和想象有关的事物。心理学把生理和心理当作一体的两面，它们本质上相互关联，但不能分开检验，否则分析的效果就会失真。

如果我们接受了俄狄浦斯情结的重要性，也许就想立刻尝试，拿这个概念当作线索来探究儿童心理，看这些心理在哪些方面不恰当或不正确。

第一个异议是通过精神分析家对小男孩的直接观察。有些小男孩确实曾公开用言语表达过他们对妈妈的爱慕，说想要娶她，甚至给她生小孩，以及他们因此对爸爸产生的恨意。但还有很多小男孩根本不是这么说的，相反，他们对爸爸的感情甚至超过妈妈。总之，兄弟姐妹、护士和叔伯姨姑往往轻易就能取代父母的位置。直接的观察并不能证实弗洛伊德赋予俄狄浦斯情结的重要程度。即便如此，弗洛伊德还是坚持己见，因为他在精神分析中经常发现俄狄浦斯情结，并且发现它非常重要，却通常受到严重的潜抑，只有在小心翼翼和长期的分析中才会浮现。在观察儿童的时候，如果认真探究他们的游戏就会发现：性的主题和俄狄浦斯情结的主题包含在其他主题里。但要认真探究儿童的游戏非常困难，如果是为了研究目的而做这件事，最好在分析过程里进行。

的确，完整的俄狄浦斯情结在现实人生中极少发生。暗示当然是有的，但和周期性的本能兴奋有关的强烈感觉大部分还只出现在孩子的潜意识里，否则马上就会受到潜抑。即便如此，它也是真实的；除非我们注意到小孩子的强烈黏人、周期性兴奋的本能压力，及心中强烈的憎恨、恐惧与爱的矛盾冲突，否则我们根本不能理解为什么三岁小孩会经常发脾气和做噩梦。

弗洛伊德对这个原始概念的一个修正就是：一个成年人在分析中，从自己的童年所找到的极为强烈且高度渲染的性情境，不一定是父母能观察到的，却是依据童年的潜意识情感和想法所做的真实重建。

你也许会提出另一个问题：小女孩呢？第一个假设是，她们会爱上爸爸、痛恨和惧怕妈妈。这又是一个事实，主要部分极有可能是不自觉的，除非在可信任的特殊情况下，否则小女孩并不愿意承认它。

小女孩的欲望

有很多小女孩在情感的发展上并不依恋爸爸，也没有冒着和妈妈起冲突所带来的大风险。真实情况是，她对爸爸的依恋是形成了，她和爸爸的薄弱关系却产生了（所谓的）退行。和妈妈起冲突的风险确实非常大，因为（在潜意识的幻想中）妈妈是和爱的关照、美好的食物、大地的安定及外面的世界有关系的；而和妈妈起冲突必然会产生一种不安全的感觉，比如梦见大地裂开，或是更糟的情况。如果小女孩只是为了爱恋爸爸，就要把妈妈当成竞争对手（但从一个更原始的角度来看，妈妈也可能是她的初恋），那么这个小女孩的麻烦就有些大了。

小女孩和小男孩一样，也有适合这类性幻想的生理感觉。小男孩在性感觉的高峰期（两岁时和青春期），非常害怕阉割。小女孩在相应阶段里的麻烦却是把妈妈当成对手，代表着跟物质世界产生冲突，因为对小孩来说，妈妈本来就是物质世界本身。同时，小女孩也会产生恐惧，就像小男孩害怕阉割一样，她害怕敌对的妈妈会攻击自己的身体来报复她，因为敌对的妈妈察觉到了她想偷走妈妈的婴儿等的想法。

但这个说法一涉及双性恋（bisexuality）明显就有漏洞了。在孩子的生活中，普通的异性恋关系虽然很重要，但同时同性恋关系也是存在的，而且相对来说可能更重要。换个方式来说，正常情况下孩子会认同父母双方，但一次只认同一个，而这个被认同的一方并不需要和孩子是相同性别。在各种情况下，孩子都有认同异性父母的能力，所以不管孩子的真实性别是什么，在他所有的幻想生活里（如果能搜寻）有各种类型的关系。孩子主要认同的是相同性别的父母，当然就会被当作正常。但孩子在做精神医学检查时，被发现主要是认同另一个性别的父母，就会被诊断为异常，这肯定是不可取的，要知道这也许是孩子对特殊环境的自然调适。在某些特殊情况下，跨性别的认同，有可能是后来同性恋倾向的基础。即使这样，在性的最初阶段与青春期之间的“潜伏”期，跨性别认同还是非常重要的。

在这个叙述里，有个固有的原则或许应该说清楚。如果说性健康的基础是在童年及重复幼年发展的青春期奠定的，那么成年生活的性偏差与性异常，也是在一个人的幼年就种下的。也就是说，整个心理健康的基础，都是在幼年和婴儿期奠定的。

孩子游戏里的性

我们知道，性的想法和性的象征极大丰富了孩子的游戏。如果有一个强烈的性压抑，那么肯定会衍生出某种性压抑的游戏。在这里，也许会因为对性游戏缺乏一个明确的定义而产生混淆。要知道，性兴奋是一回事，将性幻想行动化并付诸宣泄又是另一回事。有身体兴奋的性游戏更是一个特殊的情况，况且在童年时代，其后果是孩子非常容易陷入困境。由挫折导致爆发的攻击性，往往象征了孩子的高潮及消退，但孩子的高潮并不能像成年人那样，有机会获得本能压力的真正纾解。在睡眠中，有时梦境会升高到兴奋状态，到了高潮的时候，身体常常能做出取代性高潮的行为，比如尿床或是从噩梦中惊醒。在小男孩身上，性高潮不可能像成人射精那么令人满意；也许小女孩更容易得到满足，因为她成熟后，并没有什么要增加的新功能。对于童年里这些反复出现的本能压力时刻，父母一定要有心理准备，而且一定要为孩子提供替代性的高潮——最方便的就是食物了，此外还要有派对、郊游和特殊时刻。

父母们非常明白，他们有时候必须强势介入，诱发高潮，甚至一巴掌打得孩子眼泪汪汪。好在孩子终于累了，上床去睡觉了。即使如此，当孩子从噩梦中醒来的时候，延迟的高潮还会骚扰夜晚的安宁。如果孩子要重拾和外在现实的关系，理解真实世界的稳定并能松一口气，就需要有妈妈或爸爸的立即安慰才行。

所有生理的兴奋都伴随着想法的产生，或者说（反过来说）

想法本来就是生理经验的伴随物。童年里经常玩的游戏，除了产生生理的兴奋之外，还能把幻想行动化，付诸实现宣泄出来，这样既能获得心理的愉悦，也能纾解压力，得到满足。童年很多正常而健康的游戏，都和性的想法和象征有关系。这并不是说游戏里的孩子一定会感到性刺激。玩耍的时候，孩子也会感受到各种兴奋的快感，且不断地在身体的某些部位展现出来，比如性快感、排尿的快感、进食的快感等，这根据兴奋的部位属于哪种功能而定。对孩子来说，唯一能得到纾解的方式就是一场高潮迭起的游戏，在游戏里将兴奋导向其他方向，比如“一把能砍头的斧头”、一个没收物、一份奖品、抓到或“杀”了某个人、让某人获胜等。

我们当然能说出很多性幻想被行动化宣泄出来的例子，但这些并不一定都会伴随着身体的兴奋。我们知道，大多数小女孩和少数小男孩喜欢玩洋娃娃，且会像妈妈呵护婴儿一样去呵护洋娃娃。他们不仅学妈妈的种种行为，以此恭维她，也会做一些妈妈应该做而没做的事，以此责备她。孩子对妈妈的认同也许非常彻底而细节化。和这些事情一样，所有被行动化宣泄出来的幻想都有一个生理层面的体验，肚子疼和恶心也许和“扮妈妈”的游戏有关。男孩和女孩都会因为有趣而挺起肚子模仿孕妇。我们经常看见孩子因为故意鼓起肚子而被带到医生那里，其实他们只是在偷偷模仿孕妇，实际上孕妇应该不会引起小孩的注意才对。其实，小孩往往总是在寻找隆起的肚子，无论你怎么巧妙地封锁一切和性有关的信息，他们都不可能错过怀孕的蛛丝马迹。但因为父母的过度拘谨或是自己的罪恶感，孩子也许会把这个还没有弄清楚的信息埋在心底。

每个孩子都会玩一个游戏：扮演爸爸和妈妈。无数的想象材料丰富了这个游戏。从这个游戏中，我们能看出很多端倪，特别是能了解这群孩子的主导性格。

孩子们确实会经常把成人之间的性关系形态复现出来，但这往往是秘密进行的，蓄意观察的人根本看不到这些。孩子玩这类游戏的时候，很容易感到罪恶感，也一定会受到社会禁止这类游戏的影响。我们不能说这些性事件不好，但如果它们伴随着严重的罪恶感，让孩子变得潜抑，且不能在意识层面上理解它，那么就造成了伤害。但是，一旦恢复这次事件的记忆，就能解除伤害。我们经常说，这种难忘的事件是孩子从青涩迈向成熟的漫长艰苦旅途中必要的踏脚石。

另外，还有很多游戏和性幻想没有太多直接关系。我并不是说儿童心里想的只有性，但是性压抑的孩子就像性压抑的成人一样，是个有些差劲又乏味的玩伴。

孩子特有的性兴奋方式

童年的性主题不仅包括性器官的兴奋，以及和这种兴奋有关的幻想。研究童年的性欲后就能发现，某种独特的兴奋感也许会从身体的各种兴奋感中发展出来，转变成能辨识为性欲的（更成熟的）情感和想法。成熟是从原始发展而来的，就好像性欲是从“食人欲”的本能发展而来一样。

我们知道，不管男人女人，都是从一出生就有了性兴奋的能力。但身体局部兴奋的主要能力，在孩子的人格完全整合前，意义并不大。也就是说，孩子是整个人以独特的方式感到兴奋。随着小婴儿的发育，性的兴奋才慢慢变得比其他类型的（排尿的、肛门的、皮肤的、口腔的）兴奋重要，在三至五岁（以及青春期）的时候，他也会变得更有能力在健康的发育中，在适当的环境下支配其他功能。

也就是说，在成年人的行为中，有无数的性伴随物是从幼年发展来的，如果成年人不能自然且潜意识地运用婴儿期或“前性器期”性游戏的种种技巧，将会造成异常与贫乏的成年生活。不过，如果是被迫在性经验中使用一种“前性器期”来取代“性器期”的技巧，则会形成倒错（perversion）。这个问题的产生是因为幼年的情感发展受挫了。在分析倒错案例的时候，我们总是发现，病人对发展为成熟的性及用更原始的方式获得满足的特殊能力，都比较恐惧。有时候，真实的经验会诱发孩子想起婴儿时期的经历（比如小婴儿在使用栓剂时变得兴奋，或被护士紧紧包裹起来的兴奋等）。

从不成熟的小婴儿到成熟的小孩这个发展过程，有既漫长又复杂的故事，但这正是了解成年人的心理最好的素材。婴儿和小孩如果想自然地发育，就需要一个非常稳定的环境。

女性性欲的根源

小女孩的性欲源头能直接回溯到早年母女关系的贪婪感情。一开始，她因为饥饿攻击妈妈的身体，但当发展到最后时，她会希望自己能像妈妈一样。她“取代”妈妈的位置及爸爸特别疼爱她，这两点决定了小女孩对爸爸的爱。如果爸爸在小女孩婴儿期时不在她身边，她就不能真的认识他。她选择他作为爱的对象，也许只是因为他是妈妈的男人这个事实。因此，偷窃、性欲及生孩子的愿望有了紧密的关联。

所以，当一个女人怀孕生孩子的时候，她必须能处理这份情感，因为在内心深处，她会认为这个小孩是从妈妈那里偷来的。如果她不能感觉并知道这一点，她就会失去怀孕所带来的某种满足，也会失去献给妈妈一个孩子的大部分喜悦。这个偷窃的念头在怀孕后也会引起罪恶感，从而造成流产。

我们尤其应该知道在产后的看护上，这种罪恶感极有可能会浮现。在那个时候，产妇对于到底是哪一类女人来照顾她和孩子是特别敏感的。她需要帮忙，但因为这些来自幼年的念头，她只会选择信任一个非常友善或非常有敌意的女人。生第一胎的妈妈，即便心理健全，也可能认为护士是在迫害她。这个状况及形成其他特有现象的原因，必须追溯到小女孩和妈妈早年关系的根源，包括她想把女人味从妈妈身上取下来给自己的原始愿望。

心身症与儿童性欲的关联

一个非常重要的原则是：在精神医学里，每种变态都是情感发展不顺的结果。在治疗上，有种疗法是让病人在情感发展受阻的地方突围前进。而要找到受阻的这一点，病人就必须回到幼年或婴儿期，这个事实对小儿科医生来说非常重要。

心身症，这是对专业的小儿科医生来说的，儿童性欲有明显表现：从性兴奋演变的症状和生理变化，就像生理疾病所带来的症状和变化一样。这些症状被称为心身症，在病人中很常见。一般情况下，医生就是从这些症状中筛检出需要专业医生治疗的那些偶尔在教科书中出现的疾病。

这些心身症并没有季节性或流行性，但是在任何小孩身上有周期性发作的迹象，而且并不规律。这个周期性的发作只是说潜藏的本能压力会重复出现。

每隔一段时间，孩子就会变得兴奋，有一部分原因是内在的，另一部分则是受到了环境因素的刺激。“打扮好了却无处可去”这个说法可以准确描述这个状态。要研究清楚这个兴奋，差不多等同于研究童年及儿童的问题：怎么持续热切及兴奋的能力，又不必因为缺乏满意的高潮而经历太多痛苦挫折。孩子解决这个难题的主要方法有以下几种。

(1) 丧失渴求的能力。但这样一来，身体也会失去感觉，还有很多其他不利之处。

(2) 利用某种可靠的高潮：要么是吃东西，要么是喝东西，或者就是自慰、兴奋地排尿排便、乱发脾气、争吵。

(3) 用一种能达到假高潮的方式引起身体功能的倒错——呕吐、拉肚子、暴躁、过度夸大鼻黏膜炎，或是抱怨本来不严重的疼痛。

(4) 混合使用上面三种方法，有段时间会感到不适，比如头疼或失去胃口，或是有段时间感到暴躁，或是有某些组织容易感到兴奋（比如症状群生的状况，用现在的说法就是“过敏”）。

(5) 有一组兴奋变成慢性的“神经质”，这种情形也许能持续很长一段时间（“普通的焦虑不安”可能是童年最常见的失调）。和情感状态及情感发展失调有关的身体症状、变化，都是小儿科医生研究的范围。

小孩需要正常的自慰

当我们谈到孩子的性欲时，避免不了地要提及自慰，这又是一个广泛的研究主题。自慰也许是正常的或健康的，也可能是情感发展失调的症状。强迫性的自慰，比如下意识地摩擦大腿内侧、咬指甲、前后摇晃身体、撞头、摇头、打滚、吸吮大拇指等，都是某种焦虑的表现。如果是严重的强迫性，应该考虑孩子用来对抗比较原始或精神病类型的焦虑，比如害怕人格完整感的裂解，或害怕丧失身体的感觉，或害怕和外面的世界失去联系。

最常见的自慰问题也许是对自慰的压抑，或是自慰从小孩的自我防御机制中彻底消失。这种自我防御机制是小孩用来安抚内心不能承受的焦虑、被剥夺的感受或是失落感的方法。一开始小婴儿是吃自己的小拳头，而他确实需要这个能力来安抚自己。即便他能及时得到食物，他还是要吸吮自己的手。经过严格调教之后，他竟然还戒不了它。在整个婴儿期，他需要从身体、从吃拳头、从排尿、从大便，以及从握阴茎得到所有的满足。女婴也有类似的对应满足。

普通的自慰只是运用自然的资源来满足自己，以此来对抗挫折和随之而来的愤怒、恨意及恐惧。强迫性的自慰则说明焦虑过度了。小婴儿也许需要缩短喂奶的时间间隔或是得到更多的呵护；他可能需要随时有人在旁边陪着他，但也有可能是妈妈太焦虑了，应该让他多在婴儿床上安静地躺着。如果自慰成为症状，着手处理隐藏的焦虑才是正确的，不要试图去阻止自慰。但我们必须知道，在极少数的个案里，不断自慰实在太累人了，不得不用潜抑的手段来加以阻止，这纯粹只是为了让孩子从症状中解脱出来。当我们用这种方法帮孩子解脱的时候，新的困难就会在孩子的青春期再次出现，不过解决当前的问题似乎比解决几年后的麻烦更为紧迫。

如果一切都很顺利，伴随着性念头的自慰就会在不引起注意的情况下发生，或者只能从孩子的呼吸变化或满头大汗看出蛛丝马迹。然而，当强迫性的自慰遇到压抑的性感觉，问题就出来了。在这种情况下，孩子会被他努力想制造却不能轻易获得的满足和高潮，搞得精疲力竭。要放弃又会丧失现实感，或失去价值感。要持续下去，又会造成生理上的衰弱及象征冲突的黑眼圈。而这个黑眼圈往往被误以为由自慰引起，因此臭名昭著。有时用爸爸的威严帮助孩子脱离困境，反而是一种善意的行为。

孩子在生殖器兴奋经验前的性欲

儿童的精神分析研究（和大人的一样）表明，男性的生殖器在潜意识中受到的评价，比直接观察所得到的还要高，虽然如果被允许，很多孩子也会公开表达他们对阴茎的兴趣。小男孩爱惜自己的生殖器，就像爱惜自己的脚趾和身体的其他部位一样。他们在经验过性的兴奋后，就知道阴茎有特殊的重要性。跟爱的情感一起出现的勃起决定了阉割恐惧的产生。小男婴的阴茎兴奋有相对应的幻想，早期的勃起大多数都是靠这类幻想。

生殖器的兴奋到底是从什么时候开始的还没有定论。有些人认为，在襁褓初期，生殖器的兴奋几乎不存在；也有些人认为，勃起可能从一出生就有了。用人为的方式唤起阴茎的兴奋当然不在我们讨论范围之内。割礼后的包扎好像有可能会经常刺激勃起，结果反而让勃起跟疼痛产生了不必要的关联，这也是为什么（除了宗教因素之外）我们不建议割除包皮的众多原因之一。在身体其他部位建立起各自的重要性之前，生殖器的兴奋最好不要变成明显的特征。对小婴儿的生殖器给予人为的刺激（不管是手术后的包扎，还是图省事的奶妈想要哄婴儿入睡），当然不是个好主意，毕竟孩子自然的情感发展过程已经够复杂了。

对小女孩来说，小男孩外在且一目了然的生殖器（包括阴囊)，非常容易成为她嫉妒的对象，特别是当她和妈妈的依恋关系是沿着男性认同的方向发展的情况下。但是，事情远不止这样，大部分的小女孩对自己更隐秘但同等重要的生殖器其实是非常满足的，并不一定会羡慕小男孩更脆弱的男性附属器官。小女孩早晚会知道乳房的价值。乳房对她来说，几乎和小男孩的阴茎一样重要。当小女孩知道她能够怀孕生小孩和哺乳，小男孩却做不到这一点的时候，她就明白没有什么好嫉妒的。然而，如果她被焦虑逼得必须从普通的异性恋发展，退回到所谓的固恋（fixation）于妈妈或妈妈角色，而需要表现得像个男人时，她必然会嫉妒男性生殖器。当大人不许小女孩知道或小女孩不知道她的身体也有个兴奋且重要的生殖器，或被大人教育要避讳它的话，她嫉妒阴茎的倾向就会增加。

阴蒂兴奋和排尿的性兴奋（erotism）有着密切的关联，它会提供给小女孩较多随着男性认同而来的那种幻想。通过阴蒂的性兴奋，小女孩明白了小男孩的阴茎性兴奋是什么感觉。同理，小男孩的皮肤也能体验会阴的感觉，相当于女孩子的会阴感觉。

这和两性都有的正常特征“肛门性兴奋”完全不一样，虽然肛门性兴奋和口腔、尿道、肌肉及皮肤的性兴奋一起组成了早期的性根源。

在社会学、民俗学及原始民族的神话和传说中，有很多用象征形式崇拜父系或祖先阳具的证据，来证明性的影响深远。在现代家庭里，这些事情虽然被隐藏起来了，但还和以前一样重要，其重要性会在小孩的家瓦解时显现：小孩瞬间失去了自己习惯的象征，所以他漂流在海上，失去方向，茫然无靠，苦恼万分。

性并不是构成一个孩子的唯一前提，就像花朵不是只有水分一样。但植物学家在形容植物时要是忘了说水分——植物的主要成分——那他就是不称职的。半个世纪前[①]，心理学有过一个真正的危险，那就是差点儿遗漏了小孩生活里的性，这都是因为童年的性欲在那个时候还是件讳莫如深的事。

性本能以一种高度复杂的方式，在童年汇集性的一切要素。性的存在让健康孩子的一生变得丰富而复杂。童年的很多恐惧都和性的想法、兴奋，以及随之而来的有意识的和潜意识的精神冲突有关联。很多心身症都和孩子的性生活难题有关，特别是那种重复发生的。

青春期和成年后的性欲基础是在童年打下的，所有的性倒

① 此处是指作者写作本书之前的半个世纪，并非距离今时今日之前的半个世纪。——译者注

错和麻烦也是来源于此。

要避免成年人的性失调，避免所有的精神疾病和心身症，除了遗传的部分不能人为干涉以外，其他都是在照顾婴儿和小孩的过程中应该做的工作。

偷窃与撒谎

养育过几个健康孩子的妈妈都知道，每隔一段时间，孩子就会出现各种棘手的问题，特别是二至四岁最麻烦。有一个孩子好长一段时间里每到晚上就尖叫，邻居们都以为他遭到虐待了。另外一个孩子则坚决抗拒整洁训练。还有一个孩子太干净、太乖巧了，妈妈反而担心他会缺乏自发性和进取心。还有一个孩子经常生气抓狂，还会撞头和屏息，让妈妈束手无策，孩子自己也把整张脸憋得发青，快要抽搐了。这种事在家庭生活中经常发生。

在这些常见的麻烦中，有个特别棘手，有时甚至还会变成极其困扰的问题，那就是孩子偷窃的习惯。孩子经常从妈妈手提包里翻出硬币来，这往往没什么大不了的。把包里的东西翻出来，虽然会把东西搞得一团乱，但妈妈大多数时候会包容孩子的这个习惯。如果有细心的妈妈去注意这件事，就会产生不一样的效果。她也许会准备两个包，一个永远不会让孩子拿到，另一个则是平常用的，允许孩子探索。当孩子逐渐长大后，他自然会改掉这个习惯。妈妈大部分时候会理所当然地认为孩子的这种行为很正常，她觉得这是孩子和她的最初关系中的一部分，也是孩子和其他所有人的人际关系的一部分。

但有时候当孩子拿了妈妈的东西又藏起来时，妈妈就会担心，因为她曾有过非常不好的回忆：会偷窃的大孩子。家里有一个会偷窃的大孩子（或大人），会搅乱一家的和谐。这个时候，你不仅不能信任每个人，也不能随意乱放东西，还得想办法把贵重物品放好，比如金钱、巧克力、糖果等。这种情况就好像家里有人生病了一样，只要一想起来就让人感到不舒服。人们面对偷窃的反应，就跟听到“自慰”这个字眼时一样，总有些惶惶不安。除了曾经面对过小偷以外，人们还会一想到偷窃就感到心烦意乱，因为在小时候每个人都和自己的偷窃倾向斗争过。就是因为对偷窃有种不舒服的感觉，所以妈妈才会对孩子拿家里东西的正常倾向产生不必要的担心。

事实上，普通家庭里虽然没有所谓小偷这样的病人，但还是有一些偷窃的行为存在，只不过家人不会把这叫作偷窃。孩子到厨房拿一两块小面包，或是去柜子里拿一块糖，这些行为在普通家庭里并不会被称为偷窃（但在育儿机构里，做出同样行为的孩子就会受到处罚并留下污名，因为那里的规矩禁止这种行为）。父母必须制定家规，才能让这个家兴旺。他们也许必须制定一条规矩，规定孩子能随时去拿面包或某种蛋糕，但不能拿特别的蛋糕，也不能去储藏柜拿糖吃。这类事情总是层出不穷，而家庭生活很大程度上就是在解决亲子之间的这类关系。

孩子为什么偷东西?

你有没有想过，一个经常偷苹果，并能很快把它们送给别人，而不是自己吃的小孩，其实他的行为是不受自己控制的，他或许是病了。别人或许会说他是个小偷，但他并不知道自己为什么会做出这样的事，如果非要逼他，他就会变成撒谎的小孩。那么，这个小男孩到底在做什么？（这个小偷当然也有可能是个小女孩，为了方便，这里用小男孩举例。）这个小偷想要的并不是他所拿的东西，他是在找一个人——他的妈妈，但他自己并不知道。对这个小偷来说，能给他满足的不是商店里琳琅满目的玩具或邻居的脚踏车，或园子里的苹果。得了这种病的孩子不能享受和拥有他所偷的东西，他只是在将某种原始的爱的冲动，借助一个幻想的形式，将它行动化宣泄出来，他最多只能享受这个行动化的宣泄过程，以及他熟稔的技巧。

事实上，在某种意义上，他已经和妈妈失去联系了。这位妈妈也许人还在，也许并不在。或许，她就在那里，是个完美的好妈妈，有能力给他很多的爱。但在孩子眼里，有个东西却不见了。他也许非常喜欢妈妈，甚至爱上了她。但从比较原始的意义来看，由于一些因素，对他来说，妈妈已经不见了。偷窃的孩子是个寻找妈妈的小婴儿，他在寻找有权利向她偷东西的人。实际上，他找的是能从妈妈那里拿东西的人，就好像婴幼儿时他能随便拿妈妈的东西一样，而这一切只因为她是他的妈妈，他有权利对她这么做。

孩子心中甚至会认为：他的妈妈真的是他的，因为是他创造了她。孩子对妈妈的概念是一点点从他自己爱的能力中慢慢产生的。我们假设认识这样一位太太，她一共有六个孩子，老大是强尼，她哺育、呵护他，后来她又生了老二。但在强尼的眼里，妈妈是在他出生后被他创造出来的。她通过主动配合强尼的需求，让强尼知道创造什么才是对的，因为它真的存在。对强尼来说，妈妈提供给他的一切都是他先想象出来的——必须先是主观的，然后才能诞生客观。最后，我们追溯到偷窃的源头时会发现，这个小偷需要重建自己和外部世界的关系，这一切的基础都是重新找到妈妈，因为她全心全意奉献给他、了解他，愿意主动配合他的需求。实际上，正是妈妈给了他一种幻觉，让他以为世界是他想象出来的，而且还把他的一切幻想放在这位全身心奉献的妈妈和他“共享的”外在现实中。

这个观点的实际意义是什么呢？其实就是每个人心中的健康小婴儿，都是逐步获得能力来客观地感知最初从想象中所创造出来的妈妈。这个痛苦的过程就是所谓的幻灭，我们不应该主动让幼小的孩子感到幻灭。实际上，平凡的好妈妈不会让小婴儿彻底幻灭，她只会允许他幻灭到她认为他能承受的程度，而且还会高兴地去看待这个幻灭过程。

这个去妈妈包里偷硬币的两岁小孩，是在扮演饥饿的小婴儿，他认为是自己创造了妈妈，还认定自己有权利拿她的东西。但幻灭有时候来得太快，比如弟弟妹妹的出生，对孩子来说也许就是个可怕的惊吓。虽然这个孩子已经做好准备来迎接弟弟妹妹的到来，他甚至对新宝宝也有好感，但还是难免感到紧张。孩子本来觉得是自己创造了妈妈，新宝宝的到来却让他突然感到幻灭，所以开始了一个不受自我约束的偷窃阶段。

我们发现，这个孩子不仅不玩百分之百有权利拥有妈妈的游戏，他还会不由自主地偷东西，特别是爱偷甜食，然后再把它们藏起来。但他并没有因为拥有了它们而得到真正的满足。如果父母了解孩子这种不由自主型的偷窃代表什么，就能更有技巧地处理这件事。这样的父母会容忍这件事，会努力让这个被抓住的孩子每天至少有段时间能得到父母的特别关注，而且会计划每周给孩子零用钱。最重要的是，了解孩子这种行为背后目的的父母，绝不会用大人的威严去强迫孩子认错。他们知道，如果这么做，这个孩子肯定会开始真正的撒谎和偷窃，而这绝对是父母的过错造成的。

这些都是平凡家庭里经常发生的事，在大部分情况下，整件事能得到巧妙的化解，孩子不由自主偷东西的行为也消失了。但是，父母最后能不能弄清楚到底发生了什么事，能不能避免不理智的行动，是不是还认为孩子必须及时接受“治疗”，以免以后变成小偷。即便最后一切恢复正常，但如果过程处理不当，孩子所承受的不必要的痛苦会致使他产生其他行为。在痛苦足够多的时候，孩子不会只出现偷窃情况。当孩子遭遇巨大或突然的幻灭时，也许会不由自主地做出某些事情来，比如弄脏东西、拒绝及时大便、剪掉花园里植物的头部等，他甚至不知道自己为什么会做出这种举动。

如果父母一定要对这些行为追根溯源，要求孩子解释清楚这样做的原因，反而会加重孩子的困难。对孩子来说，这些问题已经够紧张的了，而且他根本不知道原因，当然说不出个所以然。最后，他不但没有因为遭到误解和责骂而感到难以承受的内疚，反而会分裂成两个人：一个特别严格，另一个则被邪恶的冲动所控制。这个孩子将不再感到内疚，他甚至最后会变成人们口中的小骗子。

但事实上，我们并不会因为知道一个小偷的潜意识是在找妈妈，就去谅解他偷盗自行车的行为。这是另一回事。我们当然不能忽略受害者的报复心态，而且对不良少年太过放纵，只会助长其他人敌视罪犯的压力，结果往往事与愿违。少年法庭的法官不能只把小偷当作病人，也不能忽略这个不良行为的反社会本质，以及这个行为给他人带来的不快。的确，我们要求法庭承认“小偷病了，应该给他治疗而非惩罚”这个事实，给社会带来了沉重的压力。

有很多偷窃事件都没有发展到要法官来解决，因为平凡的好父母在家里就成功地把事情处理好了。当孩子偷妈妈的东西的时候，大多数妈妈并不会感到紧张，她更不会把这件事称为偷窃，因为她能一眼看出来，孩子的这种做法是在表达爱。在管教四五岁的孩子，或是管教那些正处在不由自主偷窃阶段的孩子时，父母要付出更多的耐心和爱。当然，我们应该让这些父母了解这个过程，帮助他们带领自己的孩子通过社会调适期。正因为如此，我在这里把我的观点写下来，并故意把问题简化，让好父母或好老师都能了解。

过渡物与过渡现象

心理学往往容易流于表面，要不就是太过深奥难懂。关于小婴儿最初的活动，以及他们在入睡或不安的时候所使用的物品的研究并不少，其中有件事情尤其让人感到好奇，那就是这些过渡事物似乎介于肤浅与深刻、明显事实的简单理解与暧昧潜意识的深入探究之间。在这里，我想让父母留意一下小婴儿对普通物品的使用，因为在平常的观察及常见的事实中，确实有许多事情值得我们学习。

这里我要谈的是泰迪熊这种常见的玩具。每个有育儿经验的人都能说出孩子成长过程中很多有趣的细节，而且没有两个案例是一模一样的。大家都知道，一开始小婴儿都是把拳头塞进嘴巴里，没过多久他们就发展出新方法，即选定一两根手指头，或是大拇指来吸吮，另一只手则同时抚摸妈妈，或是摸一小块布、毯子、羊毛织物、自己的头发。这时有两件事在进行：第一件是嘴里的手和兴奋的喂奶有关；第二件比兴奋还更进一步，是感情取代了兴奋。从这个有感情的爱抚动作里，小婴儿能和碰巧放在附近的某样东西发展出关系。这个物品对小婴儿来说，也许会变得特别重要。从某种意义上说，这是他的第一个所有物，是这个世界上属于他的第一件东西，但又不是他身体的一部分，不像大拇指、两根手指或是嘴巴。所以，这个东西的重要性不言而喻，因为它证明了小婴儿和世界已经开始发展关系。

随着小婴儿开始产生安全感，开始和人建立关系，这些物品也逐渐发展起来。它们证明孩子的情感发展得非常顺利，各种关系的记忆也开始建立。这些情感和记忆能在孩子和这个物品的新关系中得到再次利用。我把这个东西称为“过渡物”[①]。过渡不是指物品本身，它只是象征了小婴儿从和妈妈合二为一的状态，过渡到把妈妈当成外在分离的个体。

这些现象无疑说明了小婴儿的发展很健康，但如果小婴儿没有发展出我所描述的这种兴趣，也不表示就一定有问题。在

---

① 过渡物（transitional objects），心理学的专业说法是“过渡性客体”。——译者注

某些情况下，小婴儿记住的和需要的仅是妈妈本人；有的小婴儿却认为过渡物挺好的，甚至够完美了，妈妈只要留在背景里就可以。然而，孩子往往会执着地喜欢上某个东西，而且他会给这个东西起个名字。这名字往往是小婴儿还不会讲话时就听过的某个字眼。当然，父母和亲戚会送给小婴儿软软的玩具，它们都被做成小动物或小宝宝的形状。但在小婴儿看来，形状并不重要，重要的是质感和味道，特别是味道，所以父母要明白，不能随便清洗这些东西。

某些十分注重卫生的父母为了照顾小婴儿的感受，常被迫带着一个脏脏臭臭、软软的物品走来走去。当小婴儿再大一些，就需要能随手拿到这个东西；他不停地把它从婴儿床和婴儿车上丢出去，又要大人把它送回来；他会把它一小块一小块地扯下来，还会在它上面流满口水。任何事都可能发生在这个东西上，小婴儿对待它的方式混合了深情的宠爱和毁灭攻击的原始爱欲。不过，好在小婴儿的玩具会不断增多，这些玩具会越来越像小动物或洋娃娃。随着时间的推移，父母也会试着教孩子说“谢谢”，说明小婴儿承认这个洋娃娃或泰迪熊不是他自己想象出来的，而是外部世界的。

我们回过头来看看第一个过渡物，不管是特殊的羊毛围巾还是妈妈的手帕，要求小婴儿对其说“谢谢”，要他承认这个东西确实来自外界，从小婴儿的角度来看是很难的。在小婴儿看来，第一个过渡物就是他自己在想象中创造出来的。这是小婴儿创造世界的开端，我们必须承认，在每个小婴儿看来，世界必须重新被创造。而且世界在被创造的同时也被发现，否则世界的呈现对这个刚来到世界的小婴儿来说，就是没有意义的。

小婴儿在压力时刻（尤其是想睡觉的时候），使用早期过渡物的种类与技巧，多不胜数。

有个小女婴喜欢一边吸拇指，一面抚弄妈妈的长发。等她自己的头发够长时，她一想睡觉就扯自己的而非妈妈的头发来盖住脸，并闻着它入睡。这个习惯一直伴随着她，直到她长大了，把长发剪短。她对新发型非常满意，但睡觉时间一到，她就抓狂了。好在父母保存了她剪下的长发，给了她一把。她像以前一样把它盖在脸上，开开心心地闻着它入睡。

有个小男婴在很小时就爱上了一条彩色羊毛被。他在一岁前就对羊毛线的分类非常感兴趣，按颜色把线分别扯出来。他始终对羊毛的质感和色彩感兴趣，长大以后，他还成了纺织工厂的色彩专家。

这些例子的价值在于，它们展现了小婴儿在健康时、有压力时与分离时所发生的现象与发展出的技巧，范围非常广泛。当然，每个有育儿经验的人都有一些不同的实例，如果我们能研究到每个细节，其结果必定非常有价值。有时候，我们发现的不是物体，而是行为，比如哼歌，也可能是更为隐秘的活动（例如对齐视觉范围内的光线），或研究边界线的互动（例如随风摇摆的窗帘，或两件重叠的物品）——它们会随着小婴儿头部的移动改变彼此的关系。有时候，小婴儿的思考也具有研究价值。

内在的妈妈陪伴小婴儿度过分离的时刻

为了说明这些事情是正常的，我想把重点放在分离对它们可能产生的影响上。当妈妈或小婴儿所依赖的人离开身边时，小婴儿并不会马上产生明显变化，因为他的内心有个妈妈，且这个内心的妈妈能存活一段时间。如果妈妈离开了很长时间，小婴儿内心的妈妈就会慢慢消失；同时，这些过渡现象也会变得没有意义，小婴儿再也不能使用它们。比如，一个需要喂奶的小婴儿被孤零零地扔下，但他已经快要进入需要感官满足的兴奋活动了。这个时候小婴儿失去的是整个原本沉浸在情感里的中间地带。如果妈妈能很快回来，他会再次对她重建一个新的内心妈妈，但这是需要时间的。如果中间地带的活动又回来了，就说明小婴儿对妈妈的信心重建成功了。如果妈妈离开太长时间，他会变得不能玩游戏，也会变得麻木、无法接受感情，这个时候小婴儿身上的问题就比较严重了。而当这个问题发生的时候，强迫性的性欲活动也许会伴随发生。失去妈妈后又获得妈妈的孩子如果喜欢上了偷窃，这是他在搜寻过渡物。

有个小女婴喜欢吸吮包着粗糙羊毛布的大拇指。三岁的时候，这块布被人拿走，“治好”了她吸大拇指的习惯。但她后来发展出一个更不好的习惯：入睡前总是不由自主地咬指甲，同时还伴随着强迫性的阅读。十一岁的时候，有人帮她想起了这块羊毛布、布的颜色及她对它的喜爱，她才改掉了咬指甲的习惯。

在健康的发展上，孩子会从过渡现象或过渡物的使用，发展到有足够的能力玩游戏。可以说，游戏对每个孩子都十分重要，玩游戏的能力是情感发展的健康指标。而这个指标的早期版本，就是小婴儿和第一件物品的关系。父母需要知道，这些过渡物都是正常的，也是健康成长的指标。这样当他们和小婴儿一起外出，不得不带着这个奇怪物品时，他们就不会感到丢脸了。父母不但不要嫌弃这些物品，还要尽量避免遗失它们。这些物品就像老兵一样，逐渐会被淡忘。也就是说，这些过渡物品形成的一整组现象，影响涉及孩子的游戏、文化活动及其他爱好的领域。这个领域刚好介于外在世界的真实生活和梦之间的中间地带。

将外在现象从梦中分离出来，确实是件困难的事。这是我们都希望完成的任务，因为这样一来，我们就可以说自己神志健全了。不过，这个分门别类的工作确实太累了，所以我们需要一个休息调整的地方，而我们在文化活动和爱好里所得到的，就是这个休息的空间。我们给孩子的领域比给自己的要辽阔得多，在这里，想象力占据主导地位。要知道，孩子生活的特点，就是通过游戏来运用外在世界，但同时又保留了梦想的所有强度。对于刚刚起步、正在朝神志健全方向发展的小婴儿，我们允许他们拥有中间地带的生活，尤其是入睡前的半梦半醒的状态。而我所说的这些过渡现象，以及孩子找到的过渡物，都是小婴儿休息的地方，那时我们才能指望区分梦与真实。

作为儿童精神分析师，每当我和孩子们接触，看着他们一边画图，一边谈论自己和自己的梦境的时候，我总是惊讶地发现孩子能迅速地记起自己小时候最早的过渡物。他们回想起这些早就被父母遗忘的奇怪物品时，往往让父母大吃一惊。如果这东西还在，孩子一定知道它放在哪里。也许就在被遗忘的弃置物品堆里，也许在最底层的抽屉后面，也可能在壁橱最上层的架子上。当这个东西真正丢失的时候，孩子是非常难过的，不管是意外弄丢的，还是因为父母不了解它真正的意义，就把它转送出去。有些父母倒是因为太熟悉过渡物的概念，会在其他小宝宝一出生，就把家里现成的过渡物塞给小宝宝，希望它也能像对前一个小孩那样对新宝宝奏效。这种做法其实并没有太多价值，因为以这种方式出现的东西，对新宝宝来说可能有意义，也可能没有意义。事实上，用这种方式呈现这些物品并不好，因为从某种意义上说，它剥夺了新宝宝的创造机会。如果孩子能利用家里现成的东西，当然非常好，我们可以给这个东西起名字，而它通常也会变成家里的一分子。小婴儿会根据自己的兴趣，从这里发展出他最终对洋娃娃、其他玩具和小动物的喜爱。

这个主题非常有研究意义，我想父母都需要自己去琢磨。他们不必是心理学家，就能从观察或记录小婴儿在中间地带发展出的特有眷恋和技巧之中，得到很大收获。

给平凡的父母一些支持

如果你读到这里，你就会发现我已经努力说了一些正面的话。我没有教你怎么克服困难，也没有告诉你当孩子焦虑时，或是父母在孩子面前争吵时，究竟该怎么办。我想做的是给平凡的父母一些支持，支持他们用简单的直觉养育出正常、健康的孩子。

有人会问："为什么要大费周章地去和已经做得很好的人讨论呢？那些面临困境的父母难道不是更需要帮助吗？"这的确是事实。在英国伦敦，甚至在我工作的这家医院附近，很多父母都存在烦恼。我太了解到处盛行的这些烦恼、焦虑和沮丧了。但我的希望就建立在这些稳定健全的家庭中，我也想看到它们在我周围慢慢建立起来，因为我们社会未来几十年的稳定全靠这些家庭。

有人也会说："你为什么要关心那些健全的家庭？为什么他们才是你的希望所在？他们难道不能自己想办法吗？"我确实有个非得主动支持他们不可的理由，即有些趋势是要来摧毁这些美好事物的。认为美好事物会一直维持下去，不会被摧毁，这种想法是不明智的；相反，要让最好的事物存活下去就必须一直保卫它。总是有人痛恨美好的事物，对它感到害怕。这里指的主要是潜意识方面。这些潜意识非常容易转变成干扰、无用的规范、法律的限制，以及通过各种愚蠢的形式出现。

这并不是说父母受到官方政策的差遣或限制是件糟糕的事。英国政府给了父母足够多的自由，让他们自己选择到底是接受还是拒绝政府所提供的一切。当然，出生和死亡必须登记，某些传染病也必须上报给卫生当局，小孩从五岁起到十五岁[①]必须上学，违反法律的孩子，要和父母一起接受某种形式的强制约束。然而，对于政府所提供的众多服务，父母可选择是善加利用还是避开，例如幼儿园、天花疫苗、白喉免疫、产前与婴儿福利诊所、鱼肝油和果汁、牙齿治疗、廉价的婴儿专用牛奶、孩子入学后学校提供的牛奶等。这些福利措施都是普通人唾手可得的，但又不硬性强迫你接受。这一切都表明，现在的英国

① 当时英国的国民义务教育针对五岁至十五岁儿童。——译者注

政府承认一个事实：妈妈才知道什么事对孩子最好，前提是她得到充足的信息和适当的教育。

但问题是，并不是所有负责执行公共事务的人都相信，妈妈才是最了解孩子的人。医生和护士经常会对某些父母的无知和愚蠢留下深刻的印象，以至于他们不能承认妈妈的智慧。在某些特殊训练中，医生和护士都对妈妈缺乏信心。医护人员对疾病和健康拥有足够多的专业知识，但他们并不一定了解父母的烦恼。如果妈妈质疑他们的专业建议，他们会认为她太固执了，其实只有她真的知道，在断奶的时候把孩子从她身边带去医院，是会伤害到孩子的；或者她认为儿子应该在更大一些后，再去医院割包皮；或者她认为女儿并不适合打针或接种疫苗(除非传染病真的暴发)。

如果医生决定切除孩子的扁桃体，妈妈对此很担心，她到底应该怎么办呢？说到要不要切扁桃体，医生的专业建议肯定没错。医生没告诉妈妈的是，他也明白在孩子还太小，不能和他解释原因的时候，就把好端端的孩子送去做手术，确实是一件让人担心的事。这个时候，妈妈只能坚持己见，相信这种事最好能免则免，如果她真的相信自己的直觉，又在孩子的人格发展上接受过教育，她就能理直气壮地告诉医生她的想法，并由自己做决定。而一个懂得尊重父母的专业医生，也会赢得别人的敬重。

父母知道孩子更需要一个单纯的环境，因为在孩子有能力了解更复杂的意义之前，需要这样的环境来为以后复杂的理解打基础。如果一个男孩必须切除扁桃体，时机又非常适当，那么不仅不会伤害到孩子的人格发展，甚至还能让他在住院经验中找到兴趣与乐趣，甚至因为通过了这一关而更勇敢地向前迈进一步。但这个时间点完全要看这个男孩属于哪种类型来定，不能仅根据年纪就下判断。另外，只有像妈妈这么亲密的人才能为孩子做决定，但医生的专业建议能帮助妈妈想得更清楚。

政府只教育父母，不硬性强制他们，这是明智的。下一步是要教育那些执行公共事务的人，让他们尊重妈妈的判断，以及她们对孩子的直觉认识。毕竟说到孩子，妈妈才是专家，只要她没有被政府的权威吓到，其实她在育儿方面真的非常有一套，非常清楚什么对孩子好。

父母是真正为孩子负责任的人，如果我们不支持这个观点，从长远来看，终究会伤害到这个社会的根本。需要注意的是，在小婴儿发育成儿童，再长成青少年的个人经验里，家庭是以“大世界小缩影”的形式一直存在着，孩子需要想办法解决这个小缩影中的种种问题。虽然家庭只是缩影，但感情的强度和经验的丰富程度并不小，它只是在不那么重要的复杂程度上有些差异。

如果我的文章能激励人心，让大家去支持平凡人，也让平凡的父母有理由相信自己的直觉，他们一定会做得比我更好，这样就达到我的目的了。让我们尽医护人员的所能去医治病人的身心，让政府去为那些由于种种原因得不到依靠和需要帮助的人尽力。但我们也需要牢记：将决定权和责任交给懂得诉诸直觉的平凡父母，他们一定能展现出最好的一面。

Part 3
第三部

Children and the outside world

孩子与外部世界

学龄前孩子的世界里，游戏是他解决发展中情感问题的主要方法。游戏也是孩子的表达方法之一——倾诉和询问。

五岁以下幼儿的需求

小婴儿和幼儿的需求非常简单明了且亘古不变，因为这些需求是与生俱来的。

我们应该时时提醒自己，孩子是不断成长发育的。这个观点非常管用，特别是想到五岁以下的幼儿时更为重要，因为四岁的小孩在情感上可能只有三岁、两岁、一岁，或是正在断奶的小婴儿，抑或是刚出生的新生儿，甚至是子宫里的胎儿。幼儿的情感年龄并不总是一直前进，有时也会倒退。

从人格和情感发展的角度来看，孩子从出生一直长到五岁，是一个相当漫长的过程。如果孩子得不到父母提供的条件，他们是没办法完成这个过程的。而这些条件只要够好就行，不必完美或面面俱到，因为随着孩子的智力增加，他能渐渐学会容忍失败，会为了面对挫折而提前做准备。大家应该知道，孩子需要的成长条件是不停滞、不公式化、不固定，必须随着孩子的年龄和不断改变的需求，随时做出质与量的调整。

先来看看健康的四岁小孩吧。他们白天也许已经像个小大人，小男孩开始认同爸爸，小女孩开始认同妈妈，有时也会出现跨性别的认同。这项认同能力会表现在孩子的行为上，而且能在特定的时空中，做出负责任的表现；它会在游戏中清晰地展现婚姻生活、亲子关系及教学的任务和喜悦；它也会表现在强烈的爱与嫉妒之中，这是幼年期的特色；它还会在白天的幻想里，当然也存在于孩子的睡梦中。

要是我们把孩子的本能所衍生的生命活力考虑进来，那么健康的四岁孩子确实拥有一些成熟的要素。这种生命活跃度就是兴奋的经验，它的生理基础是这样的先后顺序：张力逐步升高—开始感到兴奋—达到高潮—得到某种形式的满足—兴奋得到纾解。

五岁前的孩子有个特有的成熟象征——精力充沛的梦。在梦里，孩子是人际三角关系中的一个。在这个梦里，孩子接受了我们称为“本能”的生理驱力，并赶上生理的成长。这是一项了不起的成就，所以在梦里、在清醒生活背后的潜在幻想里，孩子的身体功能包含了强烈的人际关系，包含了他所感受到的爱、恨以及固有的冲突。

这说明，除了生理上还没有成熟的限制以外，健康的孩子已经涵纳了性的所有可能性。性关系的细节用象征的形式出现在梦里及游戏之中，成为童年的经验。

发育良好的四岁孩子需要父母在旁边，成为他认同的对象。在这个重要的年纪里，灌输道德观念和教他文化典范是没有用的，最有用的还是父母本身和父母的行为，以及孩子所察觉到的父母之间的夫妻关系。孩子吸收、模仿和反映的都是这些行为与关系，且在孩子的自我发展过程中，他会用千百种方式来运用这些行为与关系。

另外，这个家的基础是父母之间的夫妻关系，家庭本身也要发挥其存在和幸存的功能。孩子能容忍自己表现出来的恨意及灾难梦境中的怨恨，因为不管是好是坏，这个家还是会继续运作下去。

但一个成熟的四岁半孩子，有的时候会割伤手指或意外跌倒。这个时候他需要安慰，会突然退回到两岁的模样，甚至在入睡前退回到婴儿期。不管什么年龄的孩子，当他需要怜爱的拥抱时，就说明他需要爱的生理形式，这种生理形式是妈妈怀着胎儿，或是怀抱着小婴儿时，自然流露出的浓浓母爱。

当然，小婴儿并不是一开始就能认同别人。自我需要一步步发展成一个整体或一个人。同样，小婴儿也是慢慢才知道外部世界和内心世界是有关联的。但是，这种认同能力和自我不一样，自我是个人而独特的，从来没有两个孩子是一模一样的。

我们得先强调三至五岁应有的成熟度，因为健康的婴幼儿在不停地提升和发展这种成熟度，而这对一个人以后的发展非常重要。同时，五岁以下孩子的成熟，往往是能和程度不一的不成熟并存的。这些不成熟是健康状态下残余的依赖性，是成长的早期特色。对各阶段发展的探讨，远比描绘四岁孩子的综合画像要简单得多。

孩子在不同关系中的需求

我们必须清楚地区分以下各点：

（1）（家庭里的）三角关系。

（2）一对一的两人关系（妈妈向小宝宝引介这个世界）。

（3）妈妈抱着仍处在还没有进行整合状态的小婴儿（在小婴儿认为自己是个完整的人之前，妈妈就把他看成一个完整的人）。

（4）通过生理层面的育儿技巧来表达母爱（妈妈的技巧）。

三角关系。这个孩子已经完整地成为人类的一员，并深陷人际三角关系中。在潜意识的梦里，孩子爱上了父母中的一位，并痛恨另一位。从某个角度来说，这份恨意是直接表达出来的，而孩子能找到早期残存的潜在攻击性来表达恨意，是十分幸运的。这份恨意也是能被接受的，因为它的基础是出自原始的爱。然而，从某种意义上来说，孩子也吸收了这份恨意，来认同梦中的对手。在这个阶段中，家庭处境会左右孩子与他的梦。至于这份三角关系，它有个现实形式，而且这个形式会保持完整。

我们也会在其他类似的人际关系中发现这份三角关系，其中心主题会逐渐向外扩散，张力也逐渐减弱，到最后孩子就能在某些真实情境中处理这份关系。这个时期，游戏非常重要，因为它不仅是真实的，也是梦，如果没有这些游戏经验，就不可能有各种强烈的情感，而这些情感也会继续被封锁在遗忘的梦中。但游戏总有结束的时候，玩游戏的人也会收拾起玩具，一起吃饭或准备洗澡、聆听睡前故事。而且，孩子在玩游戏时，大人会在旁边陪着他，大人虽然没有直接参与到游戏里，却一直在旁边随时准备接手掌控。

研究“爸爸妈妈”“医生护士”这两个游戏，与研究模仿妈妈做家务和模仿爸爸的特殊职业所玩的特定游戏一样，都是非常有启发意义的。研究孩子的梦则需要一些特殊的技巧，而且这会将研究者带入潜意识，而不只是简单地观察孩子的游戏。

一对一的两人关系。在孩子的早期阶段，存在的不是三角关系，而是孩子和妈妈之间比较直接的关系。妈妈用非常微妙的方式，不仅向小宝宝尽可能地引介这个世界，还为他遮挡一些意外冲击，并给他提供需要的东西。比起三角关系模式，在两人关系里面，孩子能处理情绪的空间更有限，也就是说，在一对一的关系里，孩子的依赖程度更大。这两个完整的人不仅关系亲密，还相互依赖。如果妈妈健康、不焦虑、不忧郁、不混乱、不畏缩，孩子的人格就会随着母子关系的充实，而有比较大的成长空间。

妈妈抱着仍处在还没有进行整合状态的小婴儿。在更早的阶段，依赖的程度更大。小婴儿需要妈妈每天都与他生活在一起，来整合小婴儿的各种情感、感觉、兴奋、愤怒、哀伤等，这些是小婴儿的生活内容，自己却不能记住它们。小婴儿还不是一个完整的人，妈妈抱着的是个正在形成的人。如果有需要，妈妈会在心里复习，那一天对小婴儿具有什么意义。她了解小婴儿，所以她在小婴儿还没有足够的能力的时候，就把他看成一个人。

通过生理层面的育儿技巧来表达母爱。在更早的阶段，妈妈抱着小宝宝，这里是指生理上的意思。值得一提的是，所有最早的生理照顾细节，在小婴儿看来都是心理范围。妈妈主动配合小婴儿的需求，一开始是很彻底的。妈妈会知道孩子什么需求变得急迫了，这也许就是人们所说的母性的“本能”。她也会用特定的方式向小婴儿呈现这个世界，即需求一来就立刻满足它。同时，她也用生理层面的育儿技巧来表达爱，给他生理上的满足，让小婴儿的精神能安住在他的身体里。她以育儿技巧表达她对小婴儿的情感，并让这个发展中的小人儿慢慢能认识她。

上面对于幼儿需求的陈述是讨论的前提，用来探讨家庭模式的各种变化对孩子产生的影响。就变化的特质来说，幼儿的需求是存在并要满足的。如果不能符合这些需求，孩子的发展就会被扭曲。你应该记住最重要的一点：需求的形态越原始，对环境的依赖就越大；如果不能符合这样的需求，失败的灾难就越大。妈妈对小婴儿在襁褓初期的照顾，已超过有意识的思考和刻意的用心范畴，这是只有爱才能做到的事。当我们说小婴儿需要爱，其实是在说，只有爱小婴儿的人，才能配合他的需求，也只有爱小婴儿的人，才能随着他的成长，逐步降低配合的程度，把失败变成可利用的正面价值。

五岁以下幼儿的根本需求也许会因人而异，但我们应遵循的基本原则不变，并且这项真理不受时空的限制，对任何文化的人都适用。

父母及其责任

现在的年轻父母好像有一种新的责任感，他们懂得等待，会计划，会阅读。他们知道自己的能力范围——只能照顾两三个孩子，所以他们打算用最好的方法来做有限的育儿工作——亲自带小孩。如果一切顺利，亲子关系就会变得十分直率，这份关系的强度和丰富程度将会非常惊人。没有了护士和保姆的帮忙，亲子关系中会出现特殊的难题，而我们的预期也得到了证实——亲子间的三角关系确实会成为一个现实问题。

我相信那些刻意承担父母的责任，让孩子的心理能一路健康发展的父母，一定是个人主义者。因为个人主义，这些父母在后来会需要更进一步的个人成长。在现代社会里，装模作样的个人主义者倒是不怎么多见了。

这些人把为人父母看作一份工作，他们努力给孩子创造丰富的环境。另外，他们还善用各方资源。但这种协助必须不损及父母的责任感。

弟弟妹妹的出生对哥哥姐姐来说，或许是个宝贵的经验，也或许是个大麻烦，父母如果愿意花时间处理这件事，就会避免一些错误。但是，我们千万不要以为这样就能避免爱、恨与忠诚感的冲突。生活本就够难的了，对正常且健康的三至五岁的孩子来说更加困难。不过，生活中也有甜头，对这个幼小的孩子来说，只要家庭稳定，让他感到父母之间关系和睦，生活就是有保障的。

那些有心担起责任的父母，是为自己揽下了一个非常重大的任务，且极有可能得不到回报。很多意外都可能让父母竹篮打水一场空，好在现在生理疾病的风险已比20年前低多了。然而，我们必须记住，父母愿意研究子女的需求无可非议，但如果父母感情出了问题，他们是绝不会因为孩子需要他们维持一个稳定的家庭就能和睦共处的。

社会及其责任感

关于社会上的育儿态度，最近有很大的改变。大多数人的看法是，婴儿期和童年是在为婴幼儿的心理健康奠定基础，最终目的是达到成熟——既认同社会，又不会丧失自我的重要感。

在生理方面，小儿科于20世纪上半叶有了重大进展。大多数人都认为，如果我们能预防或治疗孩子的生理疾病，其他的一切就都能留给儿童心理学去处理。其实小儿科的任务除了照顾好孩子的生理健康，还应给予孩子更进一步的照顾。约翰·鲍比（John Bowlby）①医生专门研究幼儿和妈妈分开所产生的不良影响。这项研究在过去几年里很大程度上改变了某些观念和做法，所以现在医院才允许妈妈们自由地探视新生儿，

① 约翰·鲍比（1907—1990），英国精神分析师，在20世纪50年代提出依附理论（attachment theory），大大拓展了儿童发展研究的视野。——译者注

而且也尽量避免拆散妈妈与幼儿。另外，失亲儿童（deprived children）的管理政策也变了，不仅正式废止了全天候的托儿所，还增加了领养家庭。小儿科的医生和护士们虽然配合这些做法，却不一定了解幼儿需要和父母维系长久关系背后的真正原因。然而，只要我们肯承认“避免不必要的分离就能避免很多心理问题”这一观点，就是跨出了很重要的一步。另外，我们还需要了解的是，怎样在正常的家庭环境里保障孩子的心理健康。

再次强调，关于怀孕和分娩的生理方面，以及小婴儿生命最初几个月的身体健康，医生和护士都知道得非常多，但他们并不了解刚开始喂奶时应该把妈妈和宝宝放在一起。这是一件非常巧妙、细腻的事，不能靠生硬的原则规定来做，只有妈妈本人才知道怎么做。当妈妈和宝宝在刚开始的尝试中彼此探索时，任何专家的干扰都只会造成极大的不幸。

我们必须清楚，在这个领域受过训练的工作人员（产科护士、公共卫生护士、托儿所老师等）中的每个人都是某方面的专家，但他们和父母比起来就差远了，而且相比之下他们的人格也许并不成熟。要知道，父母对特殊事情的判断很可能比专业人士更全面。当然，只要知道这点就好，不必引起麻烦，毕竟我们还需要专业人士的特殊知识和技巧。

父母往往只要知道原因就行了，并不需要建议或详细的指导。我们必须留一些空间给父母去实践包括试错，这样他们才能学习进步。

社会个案工作（social case work）近来也慢慢涉及心理学领域。接受广泛的育儿原则，虽然马上就能证明社会个案工作的防治价值，但这对正常或健康的家庭生活反而会带来一定威胁。我们一定要牢记：这个国家的健康依靠健康的家庭单元，而家庭单元内的父母必须是情感成熟的人。所以，这些健康的家庭是神圣的领土，除非我们真的知道它们的正面价值，否则不应随便闯入。不过，就算这样，健康家庭的幸福与社会融合还是需要社会的协助。

现代小孩非常缺少兄弟姐妹

现在，家庭模式有很大的改变，孩子不仅非常缺少兄弟姐妹，连堂表兄弟姐妹也不多。我们不要以为帮孩子找几个玩伴就能弥补没有兄弟姐妹的缺憾。当孩子的人际关系从妈妈、爸爸向外界的广大社会拓展，慢慢超越两人和三人关系的时候，血缘关系是非常重要的。

我们应该预料到，现代小孩往往没有大家庭时代的那些帮手，他们没有能一起玩的堂表兄弟姐妹，独生子女更是严重缺少玩伴。可以说，现代小家庭能得到的主要帮助，是在人际关系和各种机会的扩充与延伸上。幼儿园、托儿所能做很多事，但规模不要太大，还要有合适的教职人员。除了人数适中以外，教职人员还必须具备婴幼儿心理学方面的知识。父母可以通过把孩子送到托儿所来让自己喘口气，也能借此扩展小婴儿和成年人及其他小朋友的人际关系，并扩大他们游戏的范围。

很多正常或接近正常的父母，如果每时每刻都和孩子腻在一起，会感到不耐烦；如果他们能每天独处几小时，其他时候反而会更好地对待孩子。我要特别提出这一点是因为，在我的行医经验中，我经常面对妈妈需要帮手的问题，而她们为了自己的健康和平静，宁愿出去做些兼职。这件事当然是完全依你自己的家庭来决定，但在健康家庭里（我希望你们能接受这并不是罕见的现象），父母可以就上幼儿园或日间托儿所的问题一起讨论，并做出能灵活调整的决定。

在英国，幼儿园教育已经具备很高的水平了。可以说，英国的幼儿园领先全球，这里有一部分原因是受到了玛格丽特·麦克米兰（Margaret McMillan）和我已故好友苏珊·艾萨克丝（Susan Isaacs）的影响。另外，幼儿园老师的教育训练也影响了人们对更高年龄层的教育态度。这些幼儿园对健康家庭有很大帮助，如果它们不能进一步发展，就太可惜了。相较而言，日间托儿所并不是专门为婴儿设计的，不管是在员工素质还是设备性能上都有待提高。因为托儿所比幼儿园更有可能归在医疗单位下面管辖，而这些单位更偏向于认为只有身体的成长和预防生理疾病才是最重要的。但如果有适当的员工和设备，托儿所也还是能完成任务的。最重要的是，它能让疲倦而烦忧的妈妈变成“足够好的妈妈”，因为她们的职业已经改变了。

托儿所会继续寻找官方的支持，因为它们对充满苦难和烦恼的社会来说更有价值，所以社会应尽可能为托儿所配备良好的设备和人员，避免它们伤害健康家庭的正常孩子。现在幼儿园的各方面条件已经足够好了，以至于现代家庭能利用它来为孤独的孩子拓展人际关系；也因为这所好的幼儿园满足了健康家庭的需求，它对社区来说就具有了一种独特而无形的价值，这是统计学计算不出来的。如果我们能维持幼儿园的这种发展势头，我们的社会一定会有前途，而这个未来的希望就来自健康的家庭。

影响与被影响是一种爱的关系

科学探究人类行为的一大障碍，就是人很难承认潜意识的存在及其重要性。人类当然早就知道了潜意识，比如他们知道念头的诞生和消失，能重拾遗忘的记忆或召唤灵感（不管是善意还是恶意），而且知道这一切的真实感受。但直觉地认识事实与理性地理解潜意识及其地位，这中间有很大的差别。要发现潜意识需要非常大的勇气，我们还是要感谢弗洛伊德的这项发现。

勇气是必要的，因为一旦接受潜意识，就迟早会走上一条非常痛苦的道路：我们必须承认，无论我们多么希望把邪恶、兽性和不好的影响看作外界强加在我们身上的东西，到最后还是会发现，无论人们做出了什么行为，或是什么影响刺激了他们，这些都还是人性的范畴，也就是我们自己的所作所为。这个世界上当然有天然存在的有害环境，但是（如果我们有了好的开始）我们面对这种环境时所遭遇的难题，主要还是自己内心的根本冲突。这一点人类早就在灵光一闪中知道了。或者可以说，自从出现第一个自杀者以来，人类就知道这件事了。

人类也并不容易接受自己天性中良善的一面，往往把这份荣耀归功于上帝。

所以，一涉及人性，我们的思考能力就非常容易被恐惧破坏，因为我们会对所找到的一切意义感到害怕。

在承认人性的潜意识及意识的背景里，如果我们研究人际关系的细节，就能从中发现很多有价值的东西。这个庞大的主题有个层面，能用这几个字来概括：影响与被影响。

研究“影响力”在人际关系中的作用，对老师来说向来都很重要，对研究社会生活及现代政治的学生来说，则是他们感兴趣的内容。这项研究带领我们思考了部分属于潜意识的感受。

有一种人际关系非常有助于说明影响力的某些问题。这种人际关系的根源诞生于个人生命初期的哺乳时刻。孩子在吃奶的时候，同时也在接受、吸收、消化、记忆和舍弃环境中的人、事、物。即使他长大了，有能力发展出其他关系，早期这份关系仍会或多或少持续终生。我们在日常话语中能找到很多字眼或词句，既能描述我们与食物的关系，也能描述人与不能吃的东西之间的关系。带着这一点，回头再来看看我们所研究的问题，也许就能有更进一步、更清晰的发现。

有的宝宝无论怎么吃都不满足；有的妈妈则急切地希望宝宝接受她所提供的食物，但往往事与愿违。这反映到成人社会里就是，有些人总是不满足，有些人总是在人际关系中感到挫折。

比如，有个人感到空虚，而且害怕空虚，他怕这份空虚感会让自己的胃口好得想吃人。这个人空虚的原因也许是他的好朋友过世了，也许是他失去了某个珍贵的宝贝，又或许是有个主观因素让他感到忧郁。他需要找一个新的对象来填补这份空虚，用新人来替代失去的旧人，用一套新观念或新哲学来替代他所丢失的理想。实际上，这样的人非常容易受外界影响。除非他能承受这份忧郁、悲伤或绝望，让自己慢慢自然复原，否则就必须寻找新的影响力，或是被刚好出现的强大影响力所影响。

还有一种非常需要付出的人，他需要去满足别人、去抓住人心、去向自己证明他付出的东西是绝对美好的。当然，我们会在潜意识里对此感到怀疑。这样的人往往需要通过教学、组织、宣传活动来影响他人采取行动，从而来达到自己的目的。这种人如果当了妈妈，就容易过度喂养孩子，或是喜欢对孩子发号施令。焦急、热切地想要喂食与我所描述的焦急饥饿感是存在关联的：害怕他人会饿得发慌。

好为人师的正常驱力的确就遵循这样的线索。实际上，为了心理健康，每个人都需要做一份工作，老师、医生、护士都是这样。我们的驱力是否正常主要取决于焦虑程度的大小。但整体上来说，我认为学生宁愿老师没有这份急切想要教学的需求，因为这份需求只是为了把老师个人的难题抛得更远一些。

现在，我们很容易就能想象出，当这两个极端的人（挫折的付出者和挫折的接受者）碰上时会发生什么事。一个是心灵空虚的人，他急着寻求新的影响力；而另一个人急于抓住人心，发挥其影响力。在这个极端的例子里，我们看到，其中一个人将另一个人整个“吞”了下去，结果就像是一场极其荒诞可笑的戏剧。一个人被另一个人吞并的情形，就是我们经常能碰到的“伪装的成熟”，这也就可以解释为什么有的人时时刻刻都像在演戏。一个扮演英雄的小孩也许看上去很乖，但这种乖似乎多少有点儿不稳定。另外一个小孩很坏，他扮演的是既受人景仰又令人害怕的坏蛋，他让人感觉他的坏并不是天生的，反而像是身不由己，他只不过是在扮演这个坏角色而已。实际上，我们经常发现，生病的孩子其实是在模仿某个刚刚因病过世的人，而死者正是孩子深爱的人。

总之，影响者与被影响者的密切关系是一种爱的关系。它非常轻易地被人误认为真爱，特别是双方当事人。

师生关系就是一种影响与被影响的关系

大多数的师生关系介于这两个极端之间。我们知道，老师喜欢教学，教学的成就让他们感到安心，但他并不需要靠这份成就来保持健康的心理。学生享受老师的教诲，却不会因此产生任何焦虑，他们不会要求自己的言谈举止非得跟老师一样，也不会要求自己必须记住老师的教学方式，更不会要求自己对老师的教诲深信不疑。老师必须容忍学生提出质疑或怀疑，就像妈妈容忍孩子对食物有偏好一样，而学生也必须对不能从老师那里获得即刻而可靠的知识而加以包容。

可想而知，教师行业某些最热心的老师在教导学生的实际工作中，也许会因热心过度而产生局限，因为这份热心让他不能容忍学生仔细探究和检验他的教学，他也无法接受学生的拒绝。在教学过程中，这些让人烦扰的事不可避免。

同样的考量也能拿来研究父母的教养方式。如果父母用影响与被影响的人际关系来替代爱，这样的关系越早进入孩子的生命，产生的影响力就会越大。

如果一个女人想做妈妈，却从不愿意满足孩子在排泄时想要弄脏衣服的欲望，或是当她自己的便利与孩子的自发性起了冲突的时候，她又认为不必克服这些困难，那么我们会认为这个妈妈的爱太表浅了。她也许会对孩子的欲望置之不理。如果她做到了置之不理，她就会被看作迟钝。而这种成功非常容易变成失败，因为孩子的潜意识会抗议，表现出来的就是发生大小便失禁的情况。教学不也是这样吗？

老师想要教得好，就必须容忍自己在自发性付出或喂食时遭遇的强烈挫折感。孩子在学习教养时，同样也会感到剧烈的挫折感。但老师的教育并不能让学生变得有规矩，反倒是老师自己容忍教学带来的挫折这个行为，能对学生起到身教的作用，而且身教远比言教更有效。

承认“教学终究难以完美，犯错是无法避免的”，并不能帮老师缓解心中的挫折感，况且有的时候老师有可能表现得很恶劣或不公平，甚至真的干出坏事来。但比上面这些更难以承受的是，老师最用心的教学有时也会遭到拒绝。孩子来上学时，也将自己的个性和经验中的疑惑、怀疑带到学校来，因为那是他们的情感发展受到扭曲的重要部分。孩子非常容易把他们在学校里遭遇的事情加以扭曲，因为他们期待在学校复制家庭环境，或是希望学校能和家里完全相反。

老师必须承受这些失望。同样，孩子也必须承受老师的情绪、性格及压抑。有的时候，老师也会有起床气，心情不好。

我们看得越多越仔细，就会越明白，如果老师和学生都非常开心，就说明他们都牺牲了彼此的自发性和独立性，但这是教育中非常重要的一环，跟知识的传授与学习一样重要。反之，就算各科目都能教得非常好，而“互相迁就”不见了，或是被某个人对另一个人的支配给压倒了，这种教育就是贫瘠的。

我们能从上面这些探讨中推出什么结论呢?

当我们明白了这一切，就会得出一个结论：单纯的学术成就或失败，会误导我们对教育方法的评价。毕竟，那种成就只说明孩子找到了最简单的方法来对付某位老师、某个科目或整个教育，这也就是奉承老师，是张开嘴巴闭上眼睛，或不加批判与思考就整个囫囵吞下去。这当然是不对的，因为它意味着彻底否认真正的疑惑与怀疑。在个人的发展上，这种形式的教育是不能让人满意的，但对独裁者来说，这是至高无上的乐趣。

在我们仔细考虑过影响力及其在教育上的特殊地位后，就会看清楚教育的滥用在于误用了孩子最珍贵的特质：自我怀疑。独裁者当然也很了解这一切，所以他们才会提供一个没有疑惑的人生，并借此来彰显他的权力。

教育也需要诊断

一名医生能给老师什么帮助呢？医生显然不能教老师怎么教学，也不能要求老师用医生治疗病人的态度来对待学生，毕竟学生不是病人，至少在他们受教时不是。

当一名医生观察教育界时，他马上就会产生一个疑问：医生工作的基础全部建立在诊断上；但在教学上，什么是和诊断相呼应的呢？

诊断对医生来说非常重要，以至于曾经一段时间里医学院竟忽略了治疗这个主题，甚至把它放到角落，让人轻易地遗忘了。大概在三四十年前，医疗教育正处在这个阶段的巅峰时期，人们热烈地谈起医学教育的新阶段，认为应该把治疗作为教学的重点。现在，医学发展出了令人瞩目的治疗方法：盘尼西林、安全性提高的手术、白喉免疫等。这些进展让大众误以为医学进步了，却根本不知道正是这些进展威胁着正统医学的根基——正确诊断。倘若有人生病发烧，吃了抗生素就痊愈了，他会以为自己得到良好的治疗，但从社会学的角度来看，这是个悲剧，因为药物对病人发挥功效后，医生就不必费心去诊断了，这其实是盲目的治疗手段。根据科学基础做诊断，是医学传统中最难能可贵的地方，也是和民间疗法及快速疗法之间的最大差别。

但当我们探讨教育问题时，有什么是和诊断相呼应的呢？我认为，在教学和医生诊断这两件事上，真正相同的东西恐怕非常少。当我研究教育界时，内心往往对一般儿童普遍没有接受诊断就受教育这件事感到不安。除了一些特例之外，这确实是大部分人的普遍做法。我们不妨来听听一名医生的意见，看看教育界如果认真执行“诊断”措施，会有什么收获。

先来看看我们在这方面已经做了什么。每所学校都有个类似“诊断”的做法：如果有个孩子非常令人讨厌，学校就会将他甩掉，即逼他退学或转学。这对学校当然是好的，对孩子却不好，而老师大部分情况下都会同意，他们认为这样的孩子最好一开始就淘汰，因为委员会或校长“发现无法再多收一个学生”。然而，拒绝一个不好的学生入学，会不会也同时把一个特别有意思的孩子淘汰了？这一点连校长都说不清。如果有个科学方法能挑选学生，我想学校肯定会采用。

目前倒是有科学方法能测量智力，也就是智商测验。各种各样的测验都非常有名，使用的人也越来越多，但我觉得这些测验的作用经常被过度夸大了，而且落在智商测验两极的结果有时反倒更有参考价值。我们能从这些测验当中了解到一些有用的信息。比如，即使一个日子过得不好的孩子，也能达到中等智商，这说明如果不是教学方法错误，极有可能是孩子的情感难题阻碍了他的进步；而当一个孩子的智力远低于一般水平，几乎能确定他的头脑不是很好时，他就不能从专为拥有聪明头脑孩子设计的教育模式中获益。至于心智不健全的特征，往往在智力测验之前就能看出来。一般认为，任何教育体系都应该把进步迟缓的孩子送进特殊教育班，再把智力发育更迟缓的孩子送去职训中心。

孩子的类型不同，需求也不同

到目前为止，一切还算顺利。只要有科学方法，就能做出诊断。实际情况是，大部分老师都认为，一个班里同时容纳聪慧和愚钝的孩子是应该的，只要学生不是太多，老师都会调整自己来配合不同学生的各种需求，尽量做到个别指导。其实，真正困扰老师的不是孩子的智力程度不一致，而是他们的情感需求千差万别。

在教学上，有的孩子需要填鸭式的方法，有的孩子则必须按照自己的速度、用自己的方法。至于纪律，每个团体都不太一样，没有任何严格而快速的规矩能百分之百奏效。爱的教育在这所学校也许管用，在另一所却不奏效了：自由、慈爱和容忍，就像严格管教一样，也可能产生不良的后果。另外，还有个问题：各类型情感需求的孩子对老师的依赖程度不同，以及孩子对老师发展出来的成熟和原始感情都不一样。好老师虽然会努力想办法区分它们，但为了照顾大多数孩子，他还是不得不牺牲少数几个孩子的明显需求，毕竟学校如果只顾及一两个学生的特殊需求，大多数学生又会因此骚动不安。对这些困扰老师内心的大难题，作为一个医生，我的建议是：尽可能改进诊断方法。也许问题就出在没有好好分类上。或许，我下面的一些建议会有帮助。

任何一群孩子里都有家庭美满与不美满的。前者自然会运用美满的家庭来发展自己的情感。在这种情况下，对孩子来说最重要的是测试确定（testing out）和行动上的宣泄。这两者都会在家里进行，孩子的父母有能力也有意愿肩负起责任。这种孩子上学是为了充实自己的生活，是为了学习知识。即使学习让他们厌烦，他们每天也会花好几小时在学习上，然后努力通过考试，最后像父母一样找份谋生的差事。他们非常期待团体游戏，因为这是家庭提供不了的，但“游戏”这个字眼的一般含义，还是和家庭及家庭生活的周边有关。

相比来说，其他孩子来学校则是为了别的目的。他们来上学的时候心里想，学校也许能提供家里提供不了的东西。他们不是来学校学知识的，而是出来找一个外面的家。这说明他们在寻求一个稳定的情感环境，以便在这里练习情感能力。他们寻找的是一个能逐渐融入的团体，一个能测试确定、能承受攻击能力和容忍攻击念头的团体。但是，学校居然把这两种学生放在同一个班里，这是多么奇怪的事啊！我们就应该设立不同类型的学校，不靠运气，而靠计划，来配合这些具有极端特征的孩子。

老师们会发现，自己的性情究竟更适合采取哪种管教方式。第一群孩子大声要求适当的教学，重点在学业的指导上，他们是美满家庭里的小孩（或是有美满家庭可回的住校生），也是老师最满意的教学对象。而另一群家庭不美满的小孩，需要的是有组织的学校生活，由适当的教职人员来为孩子安排正常的饮食，管理孩子的衣着，处理孩子的情绪和他们在顺从与不顺从间会产生的极端表现。这群孩子需要强调的是管教。在这种形态的工作里，需要的是性格稳重或有满意的个人生活，而不是算术能力很强的老师。然而，这种做法只有在小班级才行得通。如果一名老师同时需要照顾很多学生，怎么可能认识每一个孩子？怎么可能为了配合需求而每天调整教学内容？怎么会有办法区分例如潜意识造成的躁狂发作（maniacal outburst）与有意识的挑战权威这种事情？在极端的例子里，学校一定要采取必要的措施，也就是提供学生宿舍作为孩子家庭生活之外的另一个选择。只有这样，学校才有机会做一些真正的教学。孩子在小型宿舍里能得到不错的收获，因为人数不多，每个孩子都能由一小群稳定常驻的舍监用个人的方式长期管教。学校舍监必须了解每个孩子在各自家庭里养成的习性及产生的问题，这是他们工作的关键点。这也再次证明了管教这些孩子时，一定要避免人数过多。

各个学校的校风不同，男女教师的教学方法也不尽相同，家长在挑选私立学校的时候，可以通过代办处和各校的风评，来为孩子做出正确的选择。但是，公立托儿所就另当别论了。政府用非常盲目的方式规定孩子必须上家附近的托儿所，但实际情况是，各社区不可能有足够多的托儿所，来满足这些极端的需求。政府也许能理解心智不健全的孩子和聪明孩子之间的差别，能注意到他们一些反社会的行为，但要区分不同孩子是否拥有美满家庭这么微妙的事情，是非常困难的。如果政府尝试去区分家庭的好坏，就一定会犯下严重的错误，而这些错误必然会干扰一些很好的父母——不遵循常规且不张扬的人。

尽管这里面困难重重，但孩子的家庭是否美满这个事实还是非常值得大家留意的。极端的例子有时反而能有效地说明这一观点。比如，某个孩子反社会，是因为他的家庭没有发挥应有的功能，所以他需要特别的照顾。这套逻辑很简单，况且这一点有助于我们看清楚“正常孩子”已经能分成两种：一种来自运作顺畅的家庭，对他们来说，学校教育只是锦上添花；另一种则期望从学校获得家庭所欠缺的某些必要特质。

这个问题甚至会因为下面这个事实而变得更加复杂：有些被认为缺乏良好家庭的孩子其实有个好家庭，但因为自己的个人难题，他不能对家庭善加利用。实际上，很多儿女比较多的家庭里，都会有一个不好管教的难缠小孩。我也只是为了说明上述论点，才简单地把那些家庭能妥善管理的孩子和那些家里不好管教的孩子区分开。要进一步发展这个主题，就必须进一步区分那些有了一个好的开始之后，家里才让他们失望的孩子，以及那些从一开始接触这个世界时，就完全没有得到让他们满意而持续的接引和照顾，甚至连襁褓初期都没有得到呵护的孩子。后者的父母本可以给孩子提供必要的呵护，但因为开刀、住院、生病等特殊情况而不得不离开孩子，所以中断了照顾的过程。

我尝试用上面这短短几段文字来表达我的观点：教学也能像医学那样，把基础奠定在诊断上。为了说得更清楚些，上面我只列举了一种分类，这并不说明没有其他或是更重要的方式来区分孩子。根据年龄和性别区分，老师们早就做过很多讨论。根据精神医学的类型做进一步分类，应该也非常有用。把孤僻内向、全神贯注的孩子，与性格外向、心有旁骛的孩子，放在同一个班级来教，这难道不奇怪吗？用同样的教材来教心情沮丧时期和无忧无虑阶段的孩子，也很奇怪呀！用同一种教法来处理真正的兴奋与不稳定的抑郁情绪，这更奇怪啊！

实际上，老师们会靠本能来调整自己和教学方法，以便适应各种情况。从某种意义上来说，这个分类和诊断的想法甚至已经有些老套过时了。但我还是建议，正式的教学应该以诊断为基础，就像优良的医疗流程一样。只凭老师的直觉判断来调整自己和教学方法，对整个教育界来说，并不是好办法。这一点在政府的教育推广计划上非常重要，因为那些常规的政策推广大多只是干扰了个人才华的发展，徒然在数量上增加了大家常见的想法与做法而已。

害羞与神经质

了解清楚病人的差异化需求是医生的职责，至少目前是这样。所以，医生也许并不太适合跟老师谈话，因为老师从来不可能把注意力放在一个学生身上。老师当然也想照顾个别学生的需求，却又怕妨碍全体学生的权益而不得不作罢。

但这并不意味着老师没有兴趣研究他照顾的每个孩子。所以，医生的经验之谈也许能让老师看得更清楚，比如弄清楚孩子害羞或害怕到底是怎么回事。增加对学生的了解能减少孩子的焦虑，还有助于老师进行更好的管理，甚至能直接给出小小的建议。

有一件事医生做得比老师细致。医生能从父母那里了解到孩子过去和目前生活的状态，然后他能把孩子的症状、性格及内在与外在经验的关系串联起来。相比之下，老师并没有足够的时间和机会来做这件事。但老师也不必为此懊恼，因为不是每个诊断机会都用得上。老师往往能知道孩子的父母是哪种人，特别是当父母的表现“不可思议”、过分挑剔或疏忽时，老师便知道孩子在这个家庭的处境了。但只是这样还不够。

即便忽略了孩子的内心发展，从孩子的状态依然能找到不少蛛丝马迹，比如他可能经历过某个钟爱的兄弟姐妹、阿姨或祖父母的死亡，甚至失去了爸爸或妈妈。有个孩子本来是非常正常的，但从哥哥出车祸丧生那一天起，他就变得孤僻、四肢疼痛、失眠、讨厌上学、不爱搭理人。我研究发现，周围根本没有人费心去留意这些事实，也没人能把其中的因果串联起来。这些事情孩子的父母最清楚，但他们自己也很悲伤，所以他们不可能细致地察觉到孩子的改变与亲人的过世有关。

老师和校医不清楚这里面的前因后果，结果都在管理上犯下了一连串的错误，让原本渴望得到了解的孩子更加困惑。

大多数孩子的神经质与害羞的起因，当然不会这么简单，更多时候根本找不到明显的外在刺激因素。如果这个外在因素确实存在，老师有责任去发现它。

我一直记得一个非常简单的类似案例：有一个很聪明的十二岁女孩，在学校突然变得神经质，夜里也经常尿床。当时没有人会想到是因为心爱的弟弟死了，她正在与悲伤作斗争。

她弟弟因为感染发热而去住院，本来只要去一两个星期，但他的病情突然恶化，先是疼痛，后来被查出得了体关节结核病，一直不能康复出院。当时姐姐和全家人都非常庆幸他住进了一家很好的结核病专科医院。后来，弟弟所承受的疼痛和折磨越来越多，最后当他因结核病过世的时候，姐姐真是替他松了一口气。他们都说，离开对他来说是个快乐的解脱。

事件进展过程中姐姐从没有感到剧烈的悲伤，但伤痛依然存在心里，一直在等着她去面对。我出其不意地问她："你特别喜欢弟弟，对吗？"结果她一时失控，竟大哭起来。情绪宣泄过后，她在学校的表现竟恢复正常了，夜间尿床的问题也根治了。

类似这样直接治疗的机会并不多，但这个案例说明了老师和医生的无助，因为他们并不知道怎么获得正确的病历。

有时候，只有在经过细致的调查之后，我们才能下诊断。有个十岁的小女孩就读于一所会格外花费心思照顾个别学生的学校。她的老师告诉我："这个孩子既神经质又害羞，就像这里的其他孩子一样。我自己小时候也非常害羞，了解神经质是怎么回事。在我的班上，我往往能应付神经质的孩子，不出几个星期，他们就能慢慢自信起来。但这个小女孩让我束手无策，不管我怎么努力，她好像都没有改变，既没有变好，也没有变糟。”

后来，这个小女孩经过一系列精神分析的治疗。她表面的羞怯在隐藏的猜疑心被揭开和分析之后才痊愈。这是一种严重的精神疾病，只有通过分析才能解决。这位老师说得不错，这个害羞的女孩和其他表面上跟她类似的孩子是不一样的。对这个小女孩来说，别人所有的善意都是陷阱，所有的礼物都是毒苹果。生病期间，她不能学习，同时深感不安，她受到恐惧的逼迫，所以必须尽量表现得和其他孩子一样，以免让别人发现自己需要帮助。在她看来，自己根本没有希望获得或接受任何的帮助。小女孩在接受治疗一年后，原来的老师能像管教其他孩子一样管教她，最后小女孩顺利地融入了学校生活，且表现杰出。

伪装成被害的自我保护方式

一部分过度神经质的孩子，为了自我保护，会在心理上伪装成被害状态。适度地将这些孩子和其他孩子分开是有好处的。这样的孩子往往会被迫害，因为他们会在不自觉中给自己找麻烦——有时候他们在潜意识里会把同伴想象成欺凌弱小的恶霸。在特殊情况下，他们虽然会为了对付共同的敌人而结盟，但平时并不容易结交朋友。

这些孩子来治疗的时候，通常都会告诉我他们有各种疼痛和食欲的问题，而且他们通常都抱怨老师会打人。

经调查后我发现，他们的抱怨并不属实。这是个比较复杂的问题，大部分都是孩子的妄想，有时则是狡猾的报复，但都是孩子心中苦恼的象征。这些象征正是更糟的、隐藏的潜意识被迫害的迹象。这对孩子来说就更吓人了。因此，孩子的抱怨可以确定是被迫害型的心理疾病症状。

很多孩子会持续犯小错，他们心里制造出一位不断处罚自己的迫害型老师，以此来解决自己的被害妄想问题。老师会为了这样一个孩子，被迫采取严厉措施。一个班级里只要有一个这样的学生，老师就会严格管教全班学生，其实这么做只对那一个孩子“有用”而已。有时候，把这样的孩子交给不知情的同事，这个老师就能合情合理地管教其他心理健康的学生。

我们应该记住，神经质与害羞也有健康正常的一面。在我的治疗里，只要孩子缺乏正常的害羞行为，我就能诊断出其身上的某种心理疾病。有个孩子在我为另一个孩子检查时在附近逗留，他并不认识我，却径直走向我，还爬到我的膝盖上。正常孩子越不敢做的事，这类孩子就会用越大胆的方式来表达。他们甚至公开告诉大家自己偏爱爸爸，还大声嚷嚷。

神经质在一两岁的孩子身上看得更加清楚。一个不怕伦敦街道或暴风雨的孩子，内心是不正常的。和其他孩子的内心一样，这种孩子的内心也藏着可怕的事情，但他不能承受在外界发现它们的危险，他不敢让自己的想象力释放。父母和老师也逃向现实，以此来抵御无形、怪诞、幻想的事物，但有的时候他们反而被自己骗了，认为不怕“狗和医生”的孩子才是聪明勇敢的。但实际上，小孩子应该有能力感到害怕，才能通过外界的人、事和情境看见恶，来摆脱自己内心的恶。现实感测试（reality-testing）的动作只能逐步修正内心的恐惧，且对任何人来说，这个过程将会一直进行。实际上，一个不会害怕的孩子，要么是鼓起勇气假装的，要么就是生病了。即使他病了，心中充满恐惧，但只要他能在外界看见自己内心的善，他也可以重新感到安心。

现在你知道害羞和神经质都是需要诊断的，且要根据孩子的年龄来考量哪些正常的孩子可以教，因为生病的孩子只会浪费老师的精力和时间。在这个原则上处理每个个案时，针对症状做出正常或不正常的结论是非常重要的。前面我说过，尽可能掌握病史是有用的，关键是我们还需要对孩子的情感发展过程予以充分的了解。

学校中的性教育

我们当然不能把所有的孩子都归成一类，更不能一概而论。孩子的需求会因为家庭影响、他们是哪类孩子、个人健康而各不相同。要想对性教育做个简单明了的说明，最好还是概述，而不要拿主要论点去配合个别需求。

孩子需要同时具备三个条件：

(1) 他们需要周围有可信赖的人能倾诉秘密，这些人必须可靠，能保持友谊关系。

(2) 他们需要提供生物学和其他学科的教导。一般认为，生物学（在已知的范围内）能教导孩子关于生命、成长、繁殖及生物体与环境关系的真相。

(3) 他们需要一个持续稳定的情感环境，这有利于他们用自己的方式去发现性高潮，以及这个高潮是怎么改变、丰富及开启复杂的人际关系的。

另外，还有一类关于性教育的演讲，也就是某个人来学校演讲，讲完就离开的情况。这类急着想对孩子进行性教育的人，我们最好不要太鼓励他。学校老师都做不到的事，请别人只用一两天的时间就能做好吗？况且，关于性，让孩子自己去发掘比说教要好得多。

在寄宿学校里，已婚教职人员的家庭人口不断增加，这是个自然且受欢迎的现象。这种实例对孩子的影响比好几场演讲更有启发性和教育意义。而那些住家的孩子，会接触到亲戚和邻居的家庭逐渐变得人丁兴旺的情况。

演讲的问题是，讲师将某个困难而亲密的东西带进学生的生活，这个时机纯属巧合，而不是根据孩子逐渐明显的需求来制定的。

演讲的另一个缺点是，这些关于性的谈话很少能提供一个真实而完整的画面。例如，讲师总是难免带有一些个人偏见，有的女性主义者会说，女性是消极的，男性是主动的；有的人则会回避性游戏，只谈成熟的、生殖的性；还有人绝口不提育儿的辛苦，只谈伟大的母爱理论等。

即便是最好的讲师，也会让这个话题变得贫瘠。这个主题要是能用实验和经验让孩子们从内心接近，就会有无限的丰富潜能。但只有在成熟的大人创造出来的良好气氛下，健康的青少年才能发现自己渴望的是身心灵的完美融合。尽管有以上种种弊端，但让真正的专家（尤其是研究性功能的人）来呈现这类知识并不是一件坏事。由老师邀请专家到学校跟教职人员谈话，系统性地讨论这个主题，也是一个好方法。如此一来，老师就能在更稳固的知识基础上，用自己的方式来帮助学生。

青少年往往并不想生私生子，也努力避免这种事发生。然而，他们会在性的游戏和性关系中成长，最后他们会领悟到：这整件事的目的就是生小孩。他们也许需要好几年才能领悟，但这个意识迟早会到来，然后这些社会的新成员就会想到结婚，想到建立家庭，生养小孩。

青少年必须自己完成这段自然发展过程，性教育能起到的作用很小。然而，这段自然发展过程绝对需要一个成熟、放松、不带道德批判的环境。另外，父母和师长，特别是那些想在青少年成长关键时刻帮忙的人，必须承受青少年随时可能会产生的惊人敌意。

当父母不能提供孩子所需要的性知识时，师长和学校往往可以弥补这项不足，但不是靠系统的性教育，而是要他们本人树立典范，靠个人的正直、诚实和无私的奉献，以及当场解惑的意愿。

对于年纪较小的孩子来说，最好的帮助是生物学课程，而且要客观地呈现大自然，不要任意过滤课本的内容。刚开始，大多数孩子都喜欢饲养宠物，沉迷于学习相关知识，认识花朵与昆虫的习性。在青春期到来以前，老师和父母应该给他们进一步的教导，帮助孩子了解动物的习性、适应力，以及动物改造环境的能力。这里就包括物种的繁殖、交配和怀孕的解剖学及生理学内容。一个能让孩子喜欢的生物老师，会跟孩子讲动物父母之间的生动关系，以及演化过程发展出来的家庭生活。我们并不需要刻意把老师讲的内容套用到人类身上，那样就太明显了。孩子非常有可能会主观地拿人类的感情和幻想来诠释动物的行为，而不是盲目地把动物本能套用到人类身上。生物老师和其他科目的老师一样，都需要能够指导学生保持客观和坚持科学方法，甚至预料到这门学科对某些孩子来说很困难。

生物学老师的教学工作也许是最愉快和刺激的，主要是因为很多学生非常珍惜这门介绍生命的课程（另外一部分人是通过历史、文学经典或宗教经验才领悟了生命的意义）。然而，要把生物学知识运用到孩子的个人生活和情感上来并不简单。老师需要通过对微妙问题的巧妙回答，把一般性的知识和特殊个案串联在一起。毕竟，人类不是动物，他们是生物加上丰富的幻想、精神、灵魂或内心的潜能的混合体。有的孩子是通过身体才了解到灵魂，有的则是通过灵魂才了解到身体。而一切教养和教育的原则都应该是：主动适应。

总而言之，关于性的话题，我们应该提供给孩子充分且坦白的信息，但与其把这件事看成问题，不如把它当作孩子与熟识、信任的对象的一种人际关系。教育肯定不能取代个人通过探索及领悟所获得的心得。真正的压抑会抗拒任何教育。在一般人根本不会主动寻求心理治疗的情况下，这些压抑情绪最好能通过朋友的体谅和了解来解决。

如何探视住院的孩子[①]

从出生那一刻起，每个孩子都有一条生命线，而我们的责任就是不让这根线断掉。婴幼儿体内有个持续的发展进程，只有得到了稳定的照顾，这个进程才能稳定发展。小婴儿一旦开始和人建立起关系，这些关系就极其强烈，不能随便介入。这一点妈妈比我清楚，她们自然会把关。而且，在孩子做好准备之前，妈妈是不会让他们离开自己的，即便孩子不得不离家，妈妈也会想方设法地跑去探望。

现在就有一波病房探视热潮。这波热潮带来的问题是，人

① 目前，英国医院的运作已发生了很大的改变。很多医院都允许父母自由探病，必要的时候还能陪小孩一起住院。一般都认为，这样做对孩子和父母都有好处，而且大多数案例显示这对医院员工也很有帮助。但本章写于 1951 年，那个时候这项改变还没有遍及所有医院。——译者注

们也许会忽视真正的困难，所以早晚会引起反弹。只有让人们了解了医务人员赞成和反对探病的理由后，人们才能理性探病。当然，从护理的角度看来，探病的确有些难处。

让我们想想，护士长为什么要来做这份工作？一开始，她也许是为了谋生，后来她竟爱上了这份工作，变得热心起来，还努力学会了非常复杂的工作技巧，最后她才能成为一名护士长。身为护士长，她的工作任务重，工作时间又长，一刻也不能闲。护士长要负责照顾二三十个孩子，每一个都不是自己的。这些孩子大多病得很厉害，需要熟练的护理。她必须对所有孩子得到的护理负责，甚至还要为资历浅的护士担责。她为了让所有孩子早日康复，而严格遵照医生指示，确实执行。另外，她还必须分身应付医生和医学院的学生。

没人来探病的时候，护士长亲自照顾孩子，此时她的心中充满了善意。她时常挂念自己负责的病房，所以总惦记着上班，忘记下班。有些孩子十分依赖她，她下班前也一定会亲自来和这些孩子一一道别，而孩子们很想知道她什么时候会回来。这整件事彰显了人性最美好的一面。

那么，如果我们去探病了，又会怎么样呢？事情立刻就改变了，这是非常有可能的。从有人来探病起，看护孩子的责任就不全在护士长身上了。护士长也许会很高兴有人能分担她的重担；但如果她忙得不可开交，病房里又有非常恼人的病童，再加上各种往来的探病者，那她肯定会又忙又烦。

我如果说一些探病期间发生的事，也许会让你大吃一惊。父母离开医院后，孩子往往病得更厉害了，原因不必问你也知道。这些小插曲也许并不重要，更重要的是孩子可能在探病过程中吃了不该吃的东西，比如有特殊饮食限制的孩子吃了糖，这会彻底打乱接下来的治疗依据。在探病期间，除了饮食之外，护士长还担心孩子会不会遭到感染。

实际上，探病期间护士长不得不放任不管，我想有时她真的不知道那段时期到底发生了什么事，即便知道她也无能为力。

曾有一位非常优秀的护士长告诉过我她的另一个难处：自从医院可以每天探病以来，妈妈们总以为自己的孩子整天都在医院里哭泣。这当然不是实情。孩子的这些泪水其实是妈妈引发的。每次妈妈来探病，孩子就想起她，就想跟妈妈回家，所以妈妈走的时候，孩子自然会大哭大闹。我认为，对孩子来说，这种伤心的害处比起父母冷漠无情的伤害小多了。

如果妈妈必须离开孩子很长一段时间，久到连孩子都忘了她，过一两天孩子就会从伤心中复原，不再难过，还会接纳护士和其他小孩，展开新生活。让孩子暂时忘了妈妈，暂时忘记伤心，不也挺好的吗？如果妈妈们能只探病几分钟就赶快出来，那也不会造成什么影响，但她们当然不肯。实际上，她们到病房来都是能待多久就待多久。有些妈妈几乎是在跟孩子“亲热”：她们带来各种礼物，有很多是吃的，还要求得到孩子爱的回应；然后，她们又要告别很久才肯离去，到了门口还不停挥手，光是为了说句“再见”，就把孩子搞得筋疲力尽。临走前，妈妈们还经常跑去找护士长，说孩子穿得不够暖，或晚餐吃不饱之类的话。只有很少的几位妈妈会特地感谢护士长的辛劳，感谢她肯做这件吃力不讨好的事。然而，承认别人把孩子照顾得和自己一样好，这很不容易。

父母走后，我们如果问护士长：“如果你是医生，你会怎么处理探病的事？”她很可能会说：“我会禁止探病。”但心情好的时候，她会说探病是件好事，不应该禁止。医生和护士都明白，只要他们受得了，父母也积极配合，允许探病是绝对值得的。

我们知道打乱孩子生活节奏的事都是有害的。妈妈们当然知道这一点，但她们还是期望能天天探病，因为在孩子住院期间，这种做法能让她们和孩子保持联系。

我认为，当孩子感到不舒服时，问题反而简单了，这个时候人人都知道该怎么办。和年纪太小的幼儿沟通，语言派不上用场，而且在孩子感到很不舒服时，反倒不需要多说什么。孩子认为大人一定会做最好的安排，如果需要住院，他也是能接受的，当然还是会免不了哭哭啼啼。但没有不舒服，硬是强迫孩子去住院，那又是另一回事了。

我记得，曾有个小女孩好端端地在街上玩耍，根本没有任何不舒服，救护车却突然出现，把她送进医院。原来是前一天医院（通过喉咙检查）发现，她是白喉病菌的携带者。这件事对小女孩来说肯定非常可怕，医护人员甚至不允许她回家和家人道别。当我们讲不清楚时，孩子当然会对我们失去信心。事实上，这个案例里的小女孩，后来一直没有从这次经历中真正地复原。当时我们要是允许父母去探病，结果也许就会不一样了。我认为，就算不为别的，只为了及时消除孩子心中的愤怒，也应该让父母去探视孩子。

即便我把住院接受治疗说成不幸，我想也有办法扭转情势。孩子大一些的时候，能有一次住院机会，或是能离家去和阿姨住一阵子，便会得到一个难得的经验。这种经验让他有机会跳出来看自己的家庭。我还记得，曾有个十二岁的小男孩，在疗养院住了一个月以后跟我说："我想，我并不是妈妈的真正宝贝。我要什么她都会给我，但她并不是真的爱我。"他说得没错。他的妈妈是很努力，但她自己有些难题，这妨碍了母子关系的发展。小男孩能从旁观者的角度了解妈妈，是件非常棒的事。实际上，他回去时已经准备好用新的方式来处理家里的情况了。

有些父母有自己的困难解决不了，算不上是理想的父母。但这又跟探病有什么关系呢？如果父母来探病时在孩子面前斗嘴，孩子不仅当时会难过，事后也会担心。这也许会严重影响孩子的康复。还有一些父母做不到信守承诺：他们答应要来，或者说好要带某样特别的玩具、书本来，却一再食言。另外，还有些父母虽然会送礼物、带衣服等，却不能在适当时机给孩子一个拥抱。这种父母也许会发现，爱一个住院的孩子更简单，好像探视的时间和礼物就能代表爱。他们早早过来，能待多久就待多久，带来的礼物也越来越多。但在他们走后，小孩几乎不能喘息。有个小女孩曾苦苦哀求我（当时应该是圣诞节前后）：“快把病床上那些礼物全部拿走！”她感到自己被这种间接、与她心情无关的爱的负担，压得喘不过气来。

我认为，最好还是不要让那些形式主义、不可靠、容易激动的父母来探病，好让孩子能松一口气。有时候，病房的护士长会觉得最好所有的孩子都不要有亲人来探病。她的这种想法我们并不难理解。因为，在护士长照顾的孩子当中，有的是父母住得太远不能来探病，还有一些是连父母都没有的孤儿。对护士长来说，探病时间对这些孩子一点儿帮助都没有，他们对人没什么信心，所以非常依赖护士长和护士。

对于没有幸福家庭的那些孩子，住院倒成了他人生中的一次美好经历。这些孩子对人没有足够的信心，他们也缺乏悲伤的能力。他们不得不和萍水相逢的人交朋友，独处的时候他们就前后摇晃身体，或是用头撞枕头或病床的围栏。父母当然没有必要因为病房里有这些无依无靠的孩子，就让自己的孩子跟着受苦，但要知道，如果其他孩子有父母来探病，这些不幸的孩子内心会更加难受，这只会让护士长更难照顾这些不幸的孩子。

当一切顺利时，住院的主要作用是，出院后孩子会发明一种新游戏：以前的游戏是扮“爸爸和妈妈”，然后是扮“老师和学生”，现在则是扮“医生和护士”。新游戏里有时候病人是小宝宝，有时候则是洋娃娃或猫狗。我想强调的是，医院允许父母经常探视孩子，这是向前踏出了很重要的一步，我认为早就应该做这样的改革了。这项改革减少了烦恼，在一两岁的幼儿个案里，当孩子必须在医院住很长一段时间时，父母能不能去探病的利弊差别是很大的。我之所以把真实的难处讲出来，是因为我认为去医院探病非常重要。

现在，我们走进儿童病房经常会看到孩子站在病床上，热切地想找人交谈。他们大多数是这样说的：“我妈妈来看我了！”这种骄傲的吹嘘是个新现象。还有个三岁小男孩一直哭闹不停，护士努力想办法哄他开心，但连搂抱都不奏效——他要的不是这个。最后，她们才发现，把一张特定的椅子摆在他的病床旁，他才安静下来。过了好一会儿，他解释道：“那是爸爸明天来看我的时候要坐的。”

你看，探病绝不只是在避免伤害而已，这也是能让父母了解医院难处的好机会，这样医生和护士才能继续做他们认为好的事。当然，他们也知道，探病也许会降低他们的工作质量。

青少年犯罪的缘由

青少年犯罪是个庞大、复杂的主题，这并非我的研究领域，但针对不合群的儿童，以及犯罪与无家可归之间的关系，我倒是能简单地说说。

心理研究显示，少年管教所的学生，其诊断结果从正常（或健康）到精神分裂都有。然而，所有不良少年都有一个相似点，那到底是什么呢？

在一般家庭里，男人女人、丈夫妻子会一起为孩子负起责任。孩子出生后，妈妈（在爸爸的支持下）把孩子拉扯长大，她会仔细观察孩子的性格，妥善处理他们的个人问题。因为妈妈们知道这些问题的后果很严重，它们将会从社会的最小单位（家庭）开始扩散，进而影响到整个社会。

正常的孩子是什么样的？他是不是只要吃东西就会长大，

还会变得诚实可爱？不，他才不是这样。一个正常的孩子如果对父母有信心，就会发生各种状况，最后他会锻炼出分裂、摧毁、恐吓、削弱、滥用、欺瞒及掠夺的能力。所有可能受到法律制裁的坏事，孩子在婴幼儿时期的家庭关系中，就已经全都做过了。如果这个家经得起孩子对它所做的一切破坏，孩子就会安定下来玩游戏。但这个家必须先通过考验，特别是孩子对父母的关系及家（我当然不是指一间房子）的稳定性有些许怀疑时，更是如此。孩子如果想要感到无拘无束，想要玩游戏、画画，做个不必负责任的小孩，他就必须先意识到家庭体制的存在才行。

为什么会这样呢？这是因为孩子情感发展的早期充满了潜在的冲突和分裂。孩子和外在现实的关系的根基还不稳固，人格也没有完全整合，原始的爱带着摧毁目的而来，但幼儿还没有学会如何容忍、妥善处理本能。如果他有个稳定的、特定的环境，就能学会处理这些事情。如果想要他对自己的想法和想象力不感到害怕，在情感发展上有进展，那么从一开始，他就要拥有一个恩威并施（且非常宽容）的环境。

要是在孩子把“体制”概念纳入自己的天性之前，这个家就毁掉了，又会发生什么事呢？一般人可能认为，孩子发现自己“不受约束”后，就会好好享受。但事实并不是这样。孩子一旦发现家庭体制瓦解之后，没有了约束，他反而感到不舒服。他会变得焦虑，如果他还存有一丝希望，就会到家庭外面去寻找体制。在家里找不到安全感的孩子，会到家庭外面去找类似家的东西，他会从祖父母、亲朋好友、学校等处寻找，想找到一种外在的稳定性，欠缺这种稳定性他也许会崩溃。如果能在适当的时机提供这种稳定性，它就会像身体里的骨头一样，长进孩子的心里，生根成长。这样，在生命刚开始的几个月和几年里，他才能逐渐从依赖和需要被管教发展为独立。往往家里没有的，孩子会从亲戚和学校那里寻找。

这个焦虑的孩子只是有点儿偏离轨道，如果他后来找到稳定性，就能通过情感成长的初期和必要阶段。要是家庭和学校都没有这种稳定性，他会向社会寻求。

寻找父母的小犯罪者

当一个孩子偷糖吃的时候，他是在寻找好妈妈，因为他有权利向自己的好妈妈索取所有的甜美。这份甜美的确是属于他的，因为他从自己爱的能力中，从自己最初的创造力中，创造了妈妈和她的甜美，且不谈那到底是什么。而且，他也在寻找爸爸来保护妈妈以躲过他的攻击，而他的攻击实际上是原始的爱的表达。当孩子在外面偷窃时，他还是在寻找妈妈，但这次的寻找带来了更多的挫折感，这时他非常需要爸爸的权威象征。这个权威不仅能限制他的冲动行为所带来的后果，还会阻止他将兴奋时升起的念头变成行动。青少年犯罪者其实是极度需要严父的孩子，而爸爸必须在孩子找到妈妈时保护她。孩子记忆中的严父也许很慈爱，但他必须先有威严和强势才行。只有当这个威严又强势的爸爸角色出现时，孩子才能恢复原始的爱的冲动、罪恶感以及改过的愿望。除非这个不良少年继续惹是生非，否则他只会越来越苦于寻求爱。他会变得越来越忧郁，甚至出现自我感丧失（depersonalization）的情况。最终，除了暴力之外，他根本不能感受到任何外在现实。

犯罪说明他还有一点儿希望。当孩子做出扰乱社会安宁的行为时，不一定是生病了；反社会行为有时候只是一个求救信号，他在用这些行为寻求强壮、慈爱、有自信的人来管教他。然而，从某种程度上说，大多数不良少年都病了。用疾病来描述他们非常恰当，因为在很多个案里，安全感并没有及时进入孩子的生命初期，所以不能成为他的信念。在严厉的管教下，一个反社会的孩子似乎不会出什么问题，但只要给他自由，他马上就会感受到发疯的威胁，为了重建外来的管教，他只好触犯法律（连他自己都不明白自己在干什么）。

正常的孩子在生命的最初阶段有家人协助，会培养出控制自己的能力。他会发展出所谓的“内在环境”，产生寻找优良环境的愿望。相反，这个反社会、生病的孩子，没有机会培养一个良好的“内在环境”，如果他想感受快乐、有能力游戏或工作，就绝对需要外来的严厉管教。在正常孩子和反社会、生病的孩子这两个极端之间，有一部分孩子能对稳定产生信心，只要他们能被社会上的爱心人士好好管教几年就行了。在这方面，一个六七岁大的小孩，比十岁或十一岁的孩子，更有机会获得帮助。

战争期间，很多无家可归的孩子最终在收容所里找到了稳定环境。在那几年里，我们把有反社会倾向的孩子当作病人来治疗。这些收容所取代了为“社会适应困难”儿童设立的专门学校，为社会做好了预防工作。在这里，大多数孩子都还没有上过少年法庭，所以会把少年犯罪当作疾病来治疗。这里的确是治疗“疾病”的好地方，也是研究和获取经验的好场所。我们都知道某些少年管教所做得非常好，但那里的孩子大部分都被法院定罪了，所以做起“治疗”来更困难。

有时这些收容所被称为“社会适应困难儿童的寄宿家庭”。对那些把反社会行为看作求救信号的人来说，他们能在这里尽一己之力帮助这些困难儿童，也能从这些个案身上学习。战争时期在卫生署管理下的每间宿舍都有管理委员会。我也曾参加过这类委员会。它们虽由局外人组成，但工作人员真的对宿舍工作的细节感兴趣，也确实负起责任。我们当然也能把法官选进这样的委员会，这样他们有更多机会接触这些还没有走上少年法庭的孩子。单单只靠参观少年管教所、收容所，或听人们谈论，是远远不够的。关注的唯一方法是担起一些责任，为那些反社会孩子的管理者提供专业支持，即使是间接的也可以。

在这些社会适应困难儿童的学校里，我们不断朝治疗的目标努力，也做出了一些成绩。那些治疗失败的孩子虽然终究还是走上了少年法庭，却成功地转变为国民了。

这些收容所里的小孩应该得到社会的帮助。除了有些被疏忽的（在这种情况下，他们会成为不良少年，走上少年法庭）之外，我们能用如下两种方式来帮助他们：一是给他们提供精神治疗；二是给他们提供一个稳定可靠的环境，提供个别的照顾与关爱，再慢慢放宽独立自主的限度。事实上，稳定的环境和爱至关重要，没有这些，个人的精神治疗就不可能成功。而且，要是能提供一个适当的、能够替代家庭的环境，精神治疗也会变得多余。好在大部分家庭都能给孩子提供这样的稳定环境。但即使这样，精神治疗的资源也是供不应求的。事实上，还要再过好多年，我们才会培养出足够多的能力到位的精神分析师，为社会提供充分的个人治疗，而这恰恰是很多案例目前迫切需要的。

个人精神治疗的目标是促成孩子的情感发展。这有好几层意义，包括培养良好的感受能力，以便认识外在与内在现实的真实意义，以及整合个人的人格。这些都是充分的情感发展要达成的效果。孩子出现了上面这些早期的发展，才会出现最初的担心与罪恶感，以及想要改过的早期冲动。家庭为孩子提供了人生的第一个三角关系，以及跟家庭生活有关的所有复杂人际关系。

另外，如果一切顺利，孩子会掌握方法去处理自己与大人、与其他孩子的人际关系。此外，孩子会游刃有余地处理一些错综复杂的难题，比如应对忧郁的妈妈、疯狂的爸爸、生性残酷的哥哥及歇斯底里的妹妹。这就是孩子的成长离不开家庭背景支撑的原因，而且这个家庭背景要尽可能是个稳定的物理环境。所以，我们必须在无家可归的孩子很小的时候，就给他们一份安定的生活，让他们感受到体制的存在，否则以后就得送他们进少年管教所，或是送他们到监狱去寻找四面墙壁的稳定性。

所以，我还是坚持“抱持”（holding）和满足依赖的观点。与其以后被迫去照顾生病的孩子或反社会的大人，还不如一开始就把小婴儿“抱持”好。

攻击的根源

你已经因本书内容对孩子有了各种稀奇古怪的印象，知道了小宝宝和儿童会尖叫咬人，也会踢人，还会拔妈妈的头发，甚至有攻击性、毁灭性或种种让人不愉快的冲动。

孩子的毁灭性让育儿问题变得非常复杂，除了需要处理，也需要理解。要是我能对攻击的根源做一些理论说明，也许能帮助你了解这些天天发生的事件。因为我的读者大多数都不是心理系的学生，而是实际抚养孩子的人，只说这些理论可能还不能解释清楚这个庞大而困难的主题。

那么，简单来说，攻击有两个意思：一个是对挫折的直接或间接反应；另一个则是个人活力的两大来源之一。如果进一步思考这个简单陈述，将会引出特别复杂的问题，所以在这里我只说明主要论点。

现在我们知道不能只谈孩子生命中出现的攻击性本身，这个议题比攻击性本身要宽广很多。我们要关注的是正在成长发育的小孩，所以我们最关心的是成长过程的种种进展与变化。

有时候，攻击性本身会突然出现，又自动消失，对此你要有办法应付它，以免造成伤害。有时，攻击冲动不会公开展现，而是以某种相反的形式出现。我认为提出几种攻击的相反形式，更能帮助你辨识它。

我需要先提出一个笼统的看法：尽管遗传因素让我们成为现在的样子，各有各的特征，但这里我们假定人的本质都是相似的。我的意思是，有些人性特征在所有小婴儿、孩子及各年龄层的人身上都是相似的。至于从婴儿期到独立成人的性格发展的全面性陈述，那是不论性别、种族、肤色、信仰或社会背景的差异，全都适用的。千人千面，但人世间的事都有个基本的共通点。虽然出生时，这个小婴儿好像有攻击倾向，那个小婴儿几乎没有攻击迹象，但他们的问题其实是一样的，这两个孩子只是通过不同的方式来处理自己的攻击冲动罢了。

如果我们努力寻找攻击性的根源，也许会在小婴儿的肢体运动里发现。这些运动甚至在出生前就开始了，不只是胎儿的扭动，还包括四肢的突然活动。小婴儿的身体突然活动了一下，通过这个活动，他经历了什么？观察者也许会把这称为一击或一踢，但这些动作的真正意义并不清楚，因为（还没出生或刚刚出生的）小婴儿，还没有变成一个具有理性思维与行动能力的人。

想要活动或在活动里寻找肌肉快感，并从活动和满足的经验中有些收获，是每个小婴儿体内固有的倾向。如果对这个特征进行剖析，并从这个角度来看小婴儿的发展，我们发现攻击性会从简单的动作，进展到表达愤怒的行动，或变成表示恨意和控制恨意的状态。这个描述还能继续下去，意外的一击也许会变成蓄意伤害。通过这个伤害行为我们发现，孩子会保护某个爱恨交加的对象。我们还能进一步追踪到孩子是如何把毁灭性念头和冲动变成某种行为模式的：在比较健康的发展模式里，有意识的和潜意识的毁灭性念头，及对这种念头的反应，都会出现在孩子的梦与游戏中，也会出现在孩子对周遭环境里适合摧毁的攻击活动中。

攻击是孩子区分我与非我的一种方法

正是这些拳打脚踢让小婴儿发现了自我以外的世界，因此和外面的对象[①]逐渐产生关系。孩子大一些后，踢打活动发展成攻击行为的一击。你看，正是一开始的这个简单的冲动，引发

---

① 也可以称为客体。——译者注

了活动，并开启了孩子对世界的探索。在这种情形下，攻击的目的是分清楚什么是自己、什么不是。

虽然人人都与众不同，但每个人又都是相似的。现在，我来说说攻击的某些相反面。

比如，胆大和胆小的孩子有个强烈的对比：一个会公开表达攻击性和敌意，并通过这种方式获得疏解；另一个则会在自己以外的地方找到这个攻击性，并对它感到害怕，或预期它会从外界攻击自己，而为此忧虑。第一个孩子非常幸运，因为他会发现表达敌意是有极限的，敌意是会用光的；相反，第二个孩子从来不曾满意过，只能一直等待麻烦降临。在某些案例里，麻烦真的会一直存在。

有些孩子的确习惯在他人的攻击性上看到自己压抑的攻击冲动。这也许会导致孩子病态的发展，因为生活中不一定有足够的迫害，以至于孩子需要靠妄想来捏造。所以，不难发现有些孩子老是期待被迫害，他也许会在面对假想攻击的自卫中，变得更具攻击性。这是一种疾病，但几乎所有孩子在发展中都会出现这个模式，它就像发展的一个必要阶段。

另一个相反面是，我们比对两种孩子：易展现攻击性的孩子与把攻击性压抑在“心里”因而变得紧张、过度压抑和严肃的孩子。后者或多或少会自然压抑自己的冲动，所以也压抑了创造力（创造力与婴儿期和童年的不负责任及坦率有着密切关系）。但他虽然失去了内心的自由，却有另外的收获：他发展出了自制力，还学会了为他人着想，且会保护这个世界，以免被其他人的无情伤害。这是因为每个健康的孩子都会发展出为人着想的能力，也会认同外面的人与物。

过度自制有一点是很尴尬的：一个平时连苍蝇都舍不得伤害的乖小孩，却会定期爆发攻击性的感觉和行为，比如发脾气或做出恶意的行为。孩子的这种行为对任何人都没有正面价值，对他本人更没好处，他事后甚至会忘记自己的所作所为。这个时候，父母只能赶快想办法结束这个尴尬的插曲，希望孩子长大一点儿后，能用更有意义的方式来表达攻击性。

孩子攻击性行为另一个比较成熟的出口是做梦。在梦里，孩子会体验到毁灭和杀戮。这个梦和身体的兴奋程度有关，是真正的体验，不只是想象而已。这个会做梦的孩子已经做好准备能玩各种游戏了，他可以自己玩，也可以和别的小孩一起玩。如果梦里含有太多的毁灭成分，或是对他所敬重的对象威胁太大，又或是引出混乱状态，孩子将会尖叫着醒来。这个时候，妈妈应该在旁边帮助孩子从噩梦中清醒，这样外在现实就能再次发挥让人安心的作用。这个清醒过程也许会花上半小时。对孩子来说，噩梦本身也许是个让他非常满意的经验。

我要强调的是，做梦和做白日梦有很大区别。把清醒生活中的幻想串起来，并不是我所说的做梦。做梦和做白日梦不一样，做梦时人是睡着的，能醒过来。醒来后这个梦可能会被忘记，但已经梦过了，这种状况就是有意义的（有的时候，做的梦会蔓延到孩子的清醒生活里，然而那又是另一回事了）。

前面我说过，游戏会把幻想和能梦见的，及潜意识深层甚至最深层的一切，全部拉进来利用。

我们知道，在健康的发展中，孩子会发展出接受象征的能力。一种事物“代表”了另一种，这让孩子能从严苛真相那粗糙又棘手的冲突中获得解脱。

让孩子尴尬的是，当他温柔地爱着妈妈的同时，也会想吃掉她；或是他对爸爸爱恨交加，却不能转嫁到叔叔身上去；或是当他想甩掉刚出生的弟弟妹妹，又不能表达这种感觉时，只能甩开玩具；等等。有些孩子就是这么痛苦。

但是，孩子往往很早就开始了接受象征。这让孩子的生活体验有个调停的机会。例如，当小婴儿很早就接受某个特殊物品并抱着它睡觉时，这个物品同时代表了自己和妈妈，是团圆的象征。这个象征本身也许会受到攻击，但也可能比后来的一切所有物都更珍贵。

游戏建立在接纳象征的基础上，有着无限的可能性。游戏让孩子能够体验在自己内在心理现实中所找到的一切，这是认同感逐渐成形的基础。游戏里既有攻击性也有爱。

在孩子的成长中，毁灭性的另一个极其重要的出口就是建设。在有利的环境条件下，这个成长中的孩子会浮现一股建设性的欲望，让他愿意对自己天性中的毁灭性负起责任。建设性的游戏出现并持续下去，说明孩子的发展很健康。这是无法人为灌输的东西（就像不能灌输信任一样），时间到了它自然就会出现。这是孩子在父母或其他照顾者所提供的环境里，从整体的生活体验中累积出来的成果。

如果我们不给孩子（或大人）任何机会，不让他们为家人出力，不让他们“有所贡献”去满足家人的需求，就能看出攻击性和建设性之间的关系。这里的“有所贡献”是指为了乐趣而做，或是表现得像个大人，同时又发现，这些都是为了妈妈的幸福或家庭的运作而做的。这就好像“找到适合自己的工作”：孩子假装照顾小宝宝、铺床、扫地，做糕点等。如果旁边的人能认真看待这份假装的参与，孩子就会获得满足感。但如果孩子遭到嘲笑，它就变成了纯粹的模仿行为，孩子会体验到生理上的无力感或自身的无用感。在这个时候，孩子容易爆发攻击性或毁灭性。除了实验之外，这种情况也会在普通的事件里发生，因为没有人知道，孩子需要付出胜过接受。

健康小婴儿喜欢自然的运动及故意碰撞东西。小婴儿会运用这些方式及尖叫、吐东西和大小便，来表达愤怒、痛恨和报复。孩子同时感受到爱与恨，并接受了这个矛盾。有个最重要的攻击性和爱结合的例子，就是咬的强烈欲望。咬东西从小婴儿五个月大起就有意义了，而后会和吃各种食物的乐趣结合在一起。然而，最初让人兴奋得想咬，并制造咬这个念头的，还是“妈妈的身体”。所以，食物成为象征，代表了妈妈的或爸爸的，或任何亲爱的人的身体。

上面这一切是极其复杂的发展，所以孩子往往需要很长时间才能掌握攻击的念头与兴奋，才能控制它们，以免在适当的时机（不管是在爱中还是恨中），失去攻击能力。

奥斯卡 · 王尔德①说：“人人都会杀死自己的最爱。”这句话说明，一旦有了爱就免不了会有伤害。孩子们往往有种倾向，就是会爱他们所伤害的东西。伤害是孩子生活里非常重要的一个环节，问题是孩子会想什么办法利用这些攻击力，来完成生活、爱、游戏和（最终的）工作的任务？

---

① 奥斯卡 · 王尔德（Oscar Wilde，1854—1900），19 世纪爱尔兰人，著名剧作家、诗人、散文家。最著名的代表剧作是《少奶奶的扇子》，最让人难忘的童话是《快乐王子》。他的作品大多洞悉人性，留下很多警世名言。本文引用的这一句出自王尔德晚年的诗作《雷丁监狱之歌》（*The Ballad of Reading Gaol*），这首脍炙人口的长诗曾五次被谱成歌曲。——译者注

小婴儿的摧毁魔法

有一个问题：寻找攻击性的根源，究竟有什么用？新生儿的发展中有最初的自然活动，也有尖叫，这些也许很愉快，但它们并没有累积成明确的攻击意义，因为小婴儿实际上尚未整合成一个人。小婴儿也许很早就摧毁了这个世界，但这到底是怎么发生的？弄清楚这一点非常重要，因为摧毁我们居住和爱的世界的，也许正是婴儿期残余的“尚未融合的”毁灭性。小婴儿的魔法是，一闭眼睛这个世界就被消灭了，但只要再睁开眼睛或有新的需求产生时，这世界又会重新被创造出来。然而，毒药与炸弹带来的却是一个和小婴儿的魔法完全相反的现实。

大多数小婴儿在最初阶段都得到了良好的照顾，他们在人格上完成了某种程度的整合，所以不可能制造没有意义的、大规模突发的毁灭性危险。最重要的预防办法就是父母认清自己在家庭生活中，协助小婴儿逐步成熟时所扮演的角色，尤其是认清妈妈一开始所扮演的角色。最初阶段小婴儿和妈妈的关系，刚刚从纯生理关系转变成小婴儿懂得迎合妈妈的态度，而这份关系也刚刚开始被情感因素所充实，并变得复杂。

但还是存在一个问题：我们是否知道这种力量的来源？这是人类与生俱来的，也是毁灭性活动和痛苦的自我控制下所蕴含的根本力量，它背后是魔法般的毁灭。这种毁灭在小婴儿发展的最初阶段是很稀松平常的事，它跟魔法般的创造力同时存在。对所有东西进行原始或魔法般的毁灭都和一个事实有关（对小婴儿来说）：所有的东西都从“我”的一部分变成“非我”，从主观的现象变成客观的感知。这改变往往随着小婴儿的成长发育而渐渐发生，但如果妈妈的照护出了问题，改变则会突然发生，且是以小婴儿预期不到的方式。

妈妈用体贴的方式带领小婴儿度过早期发展这个极其重要的阶段。她给小婴儿时间，让他慢慢学会各种办法，来面对他承认世界并不在他的魔法控制里这个事实所带来的惊吓。如果我们能给成熟过程一些时间，小婴儿就有办法变得有毁灭性，也有办法痛恨、踢人及尖叫，而不必动用魔法去消灭这个世界。从这个角度来看，真正的攻击性其实是孩子的一项了不起的成就。现在再看看，在最初阶段，和魔法的毁灭比起来，攻击性的念头和行为是不是反倒有正面价值了？甚至连恨意也成了文明的象征？

在本书里，我尽可能地说明了在生命早期这些微妙的阶段里，如果孩子有足够好的妈妈来照顾，也有足够好的亲子关系，大多数的孩子都会健康发展，也有能力把魔法控制和毁灭性弃之一旁，享受内心与满足感并存的攻击性，同时并存的还有充满体谅的人际关系和内在私密的丰富宝藏所共同构筑的童年生活。